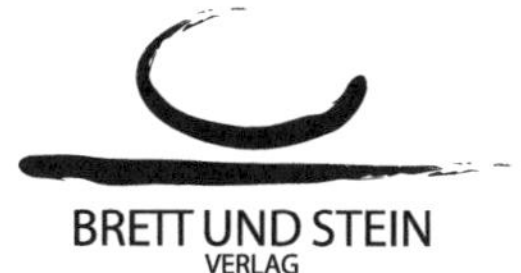
BRETT UND STEIN
VERLAG

MIX
Papier aus verantwortungsvollen Quellen
Paper from responsible sources
FSC® C105338
FSC
www.fsc.org

WILLIAM S. COBB

DAS LEERE BRETT

BETRACHTUNGEN ÜBER DAS GO-SPIEL

Aus dem Englischen von
Peter Gebert und Kalli Balduin

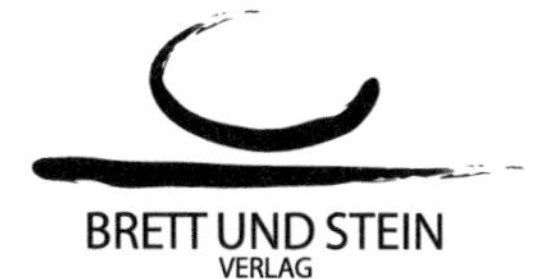

Titel der englischen Originalausgabe:
Reflections on the Game of Go. The Empty Board: 1994-2004

Bibliografische Information der Deutschen Nationalbibliothek
Die Deutsche Nationalbibliothek verzeichnet diese Publikation in der Deutschen Nationalbibliografie; detaillierte bibliografische Daten sind im Internet über http://dnb.d-nb.de abrufbar.

Den japanischen Gepflogenheiten und der in Ostasien üblichen Reihenfolge entsprechend, wird bei Personennamen stets der Familienname dem persönlichen Namen vorangestellt.

ISBN 978-3-940563-01-9

Übersetzung: Peter Gebert, Kalli Balduin
Umschlaggestaltung: HAMMERGEIGEROT
Druck: Books on Demand GmbH, Norderstedt

Printed in Germany

Vorwort

Mein Interesse am Go-Spiel hat sich unabhängig von dem an buddhistischer Philosophie entwickelt, obwohl das eine wie das andere durch einen Japan-Besuch im Jahr 1974 ausgelöst wurde. Der Buddhismus war mir als Philosoph natürlich bereits bekannt, Go aber nicht. Ich begann, moderne japanische Literatur zu lesen, und stieß dabei auf Kawabatas Roman *Meijin* (engl.: *The Master of Go*). Go erschien mir dabei als ein faszinierendes Spiel, und schließlich fand ich jemanden, der es mir beibringen konnte. Einige Jahre später entdeckte ich die American Go Association, den amerikanischen Go-Verband, und stieg allmählich tiefer in die Go-Welt ein. Ein bedeutender Höhepunkt dessen war, dass ich eingeladen wurde, zwei Monate des Jahres 1996 in Tokyo zu verbringen, als Gast des Nihon Kiin, um zu lernen, wie man Anfängern Go beibringt, insbesondere Kindern. Dieser Kursaufenthalt endete damit, dass ich am Nihon Kiin eine Prüfung als internationaler Go-Dozent ablegte. Seither habe ich Hunderten von Leuten das Spiel beigebracht – von Grundschulkindern über Studenten meiner Kurse zum Thema Go und östliche Philosophie am College of William and Mary bis hin zu Senioren in Altersheimen.

In den 1980er Jahren begann ich auch, mich stärker für östliches Denken zu interessieren, vor allem für die Philosophie der Kyoto-Schule in Japan, einer hochinteressanten Ausformulierung buddhistischen Denkens, entwickelt von Philosophen, die in westlichen Traditionen gründlich ausgebildet sind. Im Jahr 1994 fielen mir dann plötzlich die Parallelen zwischen diesen beiden Interessen auf und ich fand heraus, dass diese Parallelen vielen Go-Spielern wohlbekannt waren, und zwar schon lange. Ich begann, über sie zu schreiben und entwickelte sogar einen Kurs über das Go-Spiel und östliche Philosophie, den ich am College of William and Mary hielt, an dessen Philosophie-Fachbereich ich arbeitete. Der Kurs war sehr beliebt und ich hielt ihn mehrere Jahre lang jedes Semester vor zwei Gruppen von je dreißig Studenten. Einige meiner Kollegen hatten Vorbehalte gegenüber so einem Kurs, aber da ich bereits Dienstältester des Fachbereichs war, genoss ich in solchen Dingen eine gewisse Freiheit.

Ich verließ das College 1998, um mehr Zeit und Energie für Go übrig zu haben.

Die Kolumne *Das leere Brett* erscheint seit 1994 im *American Go Journal* und ist mit der Veröffentlichung dieses Buchs keineswegs abgeschlossen. Die Idee dafür geht eigentlich zurück auf Anregung des damaligen Herausgebers der Zeitschrift, Roy Laird. Als Chris Garlock 1998 die Herausgabe des *American Go Journal* von Roy übernahm, schlug er einige Änderungen an der Kolumne vor, im Wesentlichen die, den Themenbereich zu erweitern und in einem strafferen und aufgeräumteren Stil zu schreiben.

Ende 2002 fingen Chris und ich an, das *E-Journal* des AGA zu verschicken, das später die vierteljährlich erscheinende gedruckte Form der Zeitschrift vollständig ersetzte, mit Ausnahme eines Jahrbuchs, welches „das Beste aus dem E-Journal" enthält. Das Format des *E-Journals* machte es notwendig, die Kolumne *Das leere Brett* erneut zu kürzen und konzentrierter zu fassen, weil sie nun als Teil eines Email-Magazins erschien.

Während dieser Zeit veröffentlichte ich auch einen allgemeinen Überblick zum Thema der Beziehungen zwischen Go und buddhistischer Philosophie im *British Go Journal*, und einen akademischeren und weitaus längeren Aufsatz zu diesem Thema in einer englischsprachigen wissenschaftlichen Zeitschrift, die an der Universität von Kyoto in Japan erscheint, *The Eastern Buddhist* (XXX, 2, 1997). In gekürzter Form erschien dieser Artikel 1999 im Magazin *Tricycle: The Buddhist Review* (VIII, 3, Frühjahr 1999).

Alle Texte sind hier so wiedergegeben, wie sie ursprünglich erschienen sind, auch wenn ich heute manche Stellen etwas anders schreiben würde. Jedem Artikel habe ich eine kurze Einleitung vorangestellt, um den Leserinnen und Lesern etwas Hintergrund zu liefern. Aufsätze, die nach der Produktion dieses Buchs veröffentlicht wurden, lassen sich unter *www.slateandshell.com* abrufen.

William S. Cobb

Vorwort der Übersetzer

Die Geschichte der Übersetzung dieses Buchs ist fast so lang wie die des Originals. Sie beginnt mit einem Beitrag im Ranka-Jahrbuch 1998 über die Preisvergabe des *American Go Journals* für die besten nichtspieltechnischen Artikel an William S. Cobb für seine Artikelserie „*The Empty Board*". Unmittelbar nach deren Lektüre entschloss sich Kalli Balduin, sechs davon für die Deutsche Go-Zeitung zu übersetzen, in der sie 1999 erschienen. Sylvia Heinrichs und Harold Stromeyer sei an dieser Stelle noch einmal für ihre Hilfe dabei gedankt.

Im Sommer 2007 schlug Gunnar Dickfeld ihm vor, die inzwischen in Buchform erschienene Zusammenstellung der Artikelserie zu übersetzen – ein Unterfangen, das sich als weit aufwendiger erwies, als erwartet. Nach einer Rohübersetzung wurden Alexander Kurz und Peter Gebert ins Boot geholt. Es folgte eine Reihe intensiver, fruchtbarer und anregender Sitzungen zu dritt, die das Fundament einer gründlichen Überarbeitung bildeten, die Peter Gebert ausführte. Alexander Kurz steuerte in diesen nicht nur viele wertvolle Hinweise bei, deren Einfluss auf das Buch nicht zu unterschätzen ist, sondern auch die Überarbeitungen der Artikel Nr. 10 und Nr. 20. Wir möchten ihm hier sehr herzlich danken!

Ein großes Dankeschön gebührt schließlich auch Gunnar Dickfeld, für sein Vertrauen in das Projekt und seine große Geduld während dessen Genese – und für seine sichere und behutsame editorische Hand in der Schlussphase.

Alle verbleibenden Unzulänglichkeiten der Übersetzung gehen auf unsere Kappe. Dazu mag man unsere Entscheidung zählen, aus Gründen der leichteren Lesbarkeit auf Differenzierung nach Geschlechtern zu verzichten; die betreffenden maskulinen Formen möchten wir ausdrücklich als einschließend verstanden wissen.

Peter Gebert und Kalli Balduin

Inhalt

Go und buddhistische Philosophie

Dies ist der erste Aufsatz, den ich über das Go-Spiel schrieb. Mir kam die Idee dazu im Frühjahr 1994, als ich mich mit buddhistischem Denken befasste und erkannte, dass Go viele Parallelen mit der Sicht auf das Leben und auf die Welt aufweist, die man im Buddhismus findet. Dieser Aufsatz, veröffentlicht im British Go Journal, *Nr. 98, Winter 1994, liefert einen Überblick über viele der Themen, die in der Kolumne* Das leere Brett *behandelt werden. Als Anhang 1 füge ich außerdem einen Überblick über buddhistische Philosophie an, der die buddhistischen Auffassungen, die hier vorgestellt werden, noch etwas weiter ausführt.*

Obgleich Go viel älter ist als der Buddhismus, wurde es von Buddhisten schnell als anschauliche Verkörperung vieler Grundprinzipien der buddhistischen Sicht auf die Wirklichkeit und auf das Leben erkannt. Zum Beispiel sind Leere (*sunyata*), Unbeständigkeit (*anitya*), wechselseitige Abhängigkeit (*pratitya samutpada*), und Nicht-Selbst (*anatman*) vier Kardinalprinzipien buddhistischer Philosophie. Auch Go kann man so auffassen, dass es ebendiese grundlegenden Prinzipien involviert.

Leere ist eine Metapher für das Fehlen absoluten Daseins, für den Vorrang von Möglichkeit gegenüber Gegebenheit, für die Tatsache, dass die Offenheit, welche Neuheit und Kreativität ermöglicht, fundamentaler ist als die Strukturen, anhand derer wir Dinge festschreiben und voneinander unterscheiden. Die Formen der Welt und des Lebens gehen aus einem unbegrenzten Spektrum an Möglichem hervor und existieren dann eine zeitlang, bevor sie wieder vergehen. So ist es auch im Go. Die Leere des Bretts am Anfang des Spiels ist tiefgreifend. Das Liniengitter gibt ein Minimum an Einschränkung vor und bietet ein Maximum an Möglichkeiten. In dieser Offenheit beginnen die Spieler mit der Erschaffung eines Lebens und einer Welt. Sie erkennen die nahezu unendlichen Möglichkeiten, und die Faszination des Erschaffens, Entdeckens und Erforschens von Abertausenden von Möglichkeiten.

Die Leere des Go, die von der Leere innerhalb einer Gruppe, der sie dadurch zum Leben verhilft, anschaulich symbolisiert wird, spiegelt sich auch darin wieder, dass kein bestimmter Zug, oder keine bestimmte Spielweise, Sieg oder Niederlage garantieren. Es gibt keinen Zug, der in einem absoluten, uneingeschränkten Sinne richtig oder falsch wäre. Man kann sagen, dass ein Zug auf den 1-1-Punkt am Spielanfang hoch ineffizient ist, später jedoch kann er den Unterschied zwischen Leben und Tod ausmachen. Natürlich bedeutet die Tatsache, dass er es einer Gruppe ermöglicht, zu leben, nicht notwendigerweise, dass er in einer konkreten Partie der richtige Zug wäre. Es gibt nichts Absolutes im Go, genausowenig wie im Buddhismus. Das ist die Bedeutung der Leere.

Diese Leere, dieser Vorrang der Potentialität oder Offenheit vor Gegebenheit oder Festlegung, hängt mit Vergänglichkeit zusammen. Für Buddhisten ist nichts beständig oder ewig; alles ist vergänglich. Deshalb ist eine Blume eine besonders passende Opfergabe in einem Tempel, da ihre Schönheit so kurzlebig ist. Aus diesem Grund muss man auch auf den vorübergehenden Moment achtsam sein: weil er vorübergeht und nicht wiederkehrt. Wenn man sich an den Formen des Lebens und der Welt erfreuen möchte, dann muss man es jetzt tun. So ist es auch im Go. Im Lauf der Entwicklung einer Partie verändert sich der Wert jedes einzelnen Zuges ständig. Auch das eigene Wissen und die Wertschätzung des Spiels entwickeln sich fortlaufend. Es ist wichtig, diese zweiseitige Unbeständigkeit des Go im Gedächtnis zu behalten. Der Spieler muss die Natur der Brettsituation ständig neu bewerten. Steine, die anfangs gut platziert waren, können im Lauf einer Partieentwicklung diese Eigenschaft verlieren. Noch schwerer fällt manchen die Erinnerung daran, dass das, was man für einen guten Zug hält, sich aus dem eigenen Verständnis ergibt, und da kein Verständnis absolut ist, muss man für die Möglichkeit tiefergehender Einsichten empfänglich sein, die offenlegen, dass die eigenen Lieblingstricks doch nicht so klug sind. Die eigene Unbeständigkeit ist für das Spiel ebenso zentral wie die der Formationen auf dem Brett.

Das Nachdenken über Unbeständigkeit führt uns hin zu wechselseitiger Abhängigkeit. Für Buddhisten gilt für jedes Ding, dass es das, was es ist, nicht an und für sich ist, sondern aufgrund seiner Beziehung zu anderen Dingen. Es geschieht in Abhängigkeit von anderen, dass Dinge entstehen, dass sie sind was sie sind, solange sie existieren, und dass sie aufhören zu existieren. So ist es auch im Go.

Der tatsächliche Wert jedes Steins ergibt sich vollständig aus seiner Beziehung zu anderen Steinen, sowohl der eigenen wie auch der gegnerischen Farbe. Ein Stein hat so gut wie keinen Wert an sich, selbst die Tatsache, dass er einen Punkt zählt, kann wenig wichtig sein oder sehr, je nach Situation. Steine werden schwach oder stark, tot oder lebendig aufgrund ihrer wechselseitigen Beziehungen. Das Gleiche gilt ebenso für Gruppen und Formationen. Was als korrektes Joseki gilt, hängt von der gesamten Brettsituation ab. Ob Steine gerettet oder geopfert werden sollen, hängt von der Situation ab; an sich sind sie weder essentiell noch verzichtbar. Ihre Natur leitet sich von ihrem Zusammenhang mit anderen Steinen und der Gesamtsituation ab.

Betrachtet man diese mit Leere zusammenhängende Abwesenheit einer Natur und einer Bedeutsamkeit an sich in Bezug auf den Menschen, so folgt daraus die buddhistische Lehre des Nicht-Selbst. Wer ich bin, ergibt sich aus meinen Beziehungen mit anderen Menschen und anderen Dingen. Ich besitze kein Dasein außerhalb dieser sich fortlaufend ändernden wechselseitigen Abhängigkeit. Daher gibt es keine letztendliche Unterscheidung zwischen dem Meinen und dem Deinen, und keinen Beweggrund für mich, zu versuchen dich zu vernichten, da dich zu verlieren mein eigenes Dasein mindern würde. Sobald mir klar wird, dass wir in so einem fundamentalen Sinne gemeinsam in der Welt sind, ist die natürliche Antwort darauf, in ein beidseitig fruchtbares Miteinander zu treten. Darum glauben Buddhisten, dass Weisheit Mitgefühl hervorbringt. So ist es auch im Go. Ich kann nicht spielen, wenn du nicht mit mir spielen willst. Warum sollte ich dich demütigen wollen? Ich möchte noch einmal spielen, und ich möchte, dass unsere Partie so interessant wird wie nur möglich.

Folglich möchte ich, dass du stärker wirst. Deshalb erhält der schwächere Spieler eine Vorgabe; der stärkere Spieler hat eine Pflicht, Anleitung anzubieten. Das Spiel ist kein Vernichtungskrieg, sondern eine Suche nach dem höchsten Grad der Effizienz bei der Aufteilung des Bretts. Worauf wir beim Spielen abzielen, ist die Spielmöglichkeiten zu verstehen und wertzuschätzen, nicht über Andere zu triumphieren. Das erfordert ernsthafte, überlegte, aufmerksame Zusammenarbeit. Das Wichtige ist das Erforschen der sich entwickelnden Formen im Spiel, und dies ist etwas, das die Spieler teilen. Es sind also die Steine, die gewinnen und verlieren; die Steine spielen das Spiel. Die Spieler machen es möglich, dass das Spiel gespielt wird, dass es existiert, indem sie am Spiel teilhaben. Befriedigung ergibt sich aus der Qualität des Spiels. Es geht nicht um den einzelnen Gewinn oder Verlust. Es geht um das Spiel.

Als Go-Spieler habe ich kein Selbst außer dem Selbst, das aus der kooperativen Tätigkeit des Spielens mit einem Anderen besteht. Wir wollen beide bessere Spieler werden. Gewinnen oder den Anderen schlagen zu wollen, ist diesem höheren Ziel untergeordnet, und davon erheblich beeinflusst. Wir wollen beide stärkere Spieler werden. Um das zu erreichen, müssen wir spielen, und das bedeutet, zu gewinnen und zu verlieren, jedoch ist das Ziel nicht, den Gegner zu schlagen, sondern vielmehr, besser zu spielen als in der Vergangenheit. In diesem Sinne gibt es kein Selbst, das der gemeinsamen Tätigkeit vorgeordnet oder unabhängig von ihr wäre, und das ein außerhalb dieser Tätigkeit gelegenes Ziel anstrebte. Der Go-Spieler existiert im Spielen des Spiels. Das Letzte, was ich möchte, ist andere Spieler zu vernichten. Ich möchte immer weiter spielen, und besser spielen. Wir spielen, und durch unser gemeinsames Zutun spielen wir besser.

Man kann noch viele andere buddhistische Prinzipien im Go finden. Das letztendliche Lebensziel für einen Buddhisten ist der Eingang ins Nirvana, der das Ende des Leidens bedeutet. Man erreicht ihn über den achtfachen Pfad, der aus einer Verbindung besteht von rechtem Tun und Handeln, rechtem Denken und rechtem Verständnis. Jeder Schritt auf diesem traditionellen buddhistischen Weg zur Erleuchtung hat eine Parallele auf dem Weg zum Go-Spiel ohne Leiden. Gier oder Habsucht ist die Ursache des Leidens, und der achtfache Pfad führt zur Auslöschung solcher Begierden. Dies ist der Pfad, dem alle Go-Spieler zu folgen versuchen.

DAS LEERE BRETT ❶

Leere

Eine Unterhaltung im Sommer 1994 mit Roy Laird, damals Herausgeber des American Go Journal, *führte dazu, dass ich eingeladen wurde, der Zeitschrift einige Aufsätze zum Thema Go und buddhistische Philosophie beizusteuern. Nach einigem Nachdenken entschloss ich mich, die Kolumne* „Das leere Brett“ *zu nennen. Ich hatte damals keine Ahnung, dass ich zehn Jahre später immer noch Texte dafür schreiben würde.*

Eine der bemerkenswertesten Eigenschaften von Go ist der Umstand, dass das Brett am Anfang des Spiels nur aus einem leeren Gitternetz besteht. Die Metapher der Leere spielt wiederum eine grundlegende Rolle in der buddhistischen Philosophie. Vergleichen wir beide Verwendungen des Begriffs der Leere, um ihn besser zu verstehen.

Wenn man sagt, dass etwas leer ist, lenkt man den Blick darauf, dass etwas fehlt. Was uns im Fall des Spiels zuerst als fehlend auffällt, sind Spielfiguren, die vor Beginn einer Partie aufgestellt werden; da liegt nur ein leeres Brett mit einem Liniennetz. Schwieriger ist es, eine erste Vorstellung der buddhistischen Auffassung von Leere zu vermitteln, welche üblicherweise durch den Sanskrit-Ausdruck *sunyata* bezeichnet wird (das japanische Wort ist *ku*). Da heißt es, alles sei leer und was fehle, sei eine bestimmte Art der Existenz, eine bestimmte Seinsweise, nämlich absolute Autonomie, oder völlige Unabhängigkeit. Alles existiert, oder ist, was es ist, aufgrund von Abhängigkeit von anderem. Nichts ist absolut autonom. Ebensowenig ist irgendetwas absolut dauerhaft und unveränderlich. Jedes Ding benötigt andere Dinge zu seiner Existenz; seine Natur oder sein Wesen ergibt sich aus seinen Beziehungen zu anderen Dingen, und verändert sich folglich, wenn jene Dinge sich ändern. (Was fehlt, oder wovon Dinge leer sind, wird manchmal „innewohnende Essenz“ [Sanskrit: *svabhava*] genannt.) Eine Folge dieser Sichtweise ist, dass Buddhisten sich nicht in der Lage sehen, uneingeschränkte Aussagen über Dinge zu treffen, da alles vom Kontext abhängt und sich außerdem immer wieder ändert.

Das konkrete Beispiel der Leere, das das Go-Spiel bietet, kann dabei helfen, zu klären, was Buddhisten mit der „Leere von Allem“ meinen.

Eine Beschäftigung mit der buddhistischen Sicht erlaubt einen tieferen Einblick in den Sinn, in welchem das Go-Spiel, wie auch das Brett am Spielanfang, leer ist.

Im Go ergeben sich Bedeutung und Wert von Steinen gänzlich aus ihrer Beziehung zu anderen Steinen, und sie unterliegen ständigem Wandel. Kein Stein hat „innewohnenden" Wert oder Wert „an sich", über die minimale Eigenschaft hinaus, einen Punkt besetzen zu können. Ob er wichtig oder unwichtig ist, gut oder schlecht, stark oder schwach, hängt von umliegenden Steinen und der Gesamtsituation ab, und kann sich jederzeit ändern. Dass der Wert eines Steins seiner Natur nach bedingt und wechselhaft ist, ist einer der Gründe dafür, dass Go immerfort faszinierend bleibt. Im Verlauf eines Spiels kann es oft zu erstaunlichen Wandlungen kommen. Selbst eine an sich völlig sichere Gruppe kann getötet werden, wenn man sich selbst Freiheiten nimmt – auch wenn dies selten vorkommen mag. Auf jeden Fall kann sich der Status der Gruppe als wichtig oder nützlich stark ändern. So können etwa Züge, die man darauf verwendet, eine Gruppe zum Leben zu bringen, das Spiel verlieren. Man kann also nicht uneingeschränkt sagen, dass irgendein Zug gut oder schlecht sei. Es kommt darauf an, und genau darum geht es bei *sunyata*.

Go-Spielern fällt es also nicht schwer, zu verstehen, dass Buddhisten, wenn sie sagen, alles sei leer, damit nicht meinen, Dinge hätten keinen Wert oder keine Bedeutung. Die oft gehörte Behauptung, Buddhisten seien pessimistisch, ist ein grobes Missverständnis. Sie meinen vielmehr, dass der Wert von Dingen immer kontextabhängig, bedingt und veränderlich sei. Von nichts könne man in einem absoluten Sinn sagen, es sei gut oder schlecht. In der Praxis bedeutet das, wie jeder Go-Spieler weiß, dass man nicht zu schnell aufgeben sollte, wenn die eigene Position schlecht erscheint. Man kann nie voraussehen, was noch geschehen könnte. Oft ist es der Spielpartner, der die eigene Position in eine siegreiche verwandelt. Ebenso sollte man sich nicht entspannen und siegessicher sein, wenn man eine gute Position hat. Auch das kann sich drastisch ändern. Beides zusammen ergibt eine Haltung des Gleichmuts in jeder Lage – die achtsame Gemütsruhe, die für einen buddhistischen Mönch charakteristisch ist.

Selbst am Ende eines Spiels ist diese Art der Leere für Go typisch. Ob man gewinnt oder verliert ist nicht an sich gut oder schlecht. Ein Verlust kann sehr lehrreich sein und folglich zu besserem Spiel führen, wogegen ein Sieg einen schwerwiegenden Fehler im Spielverständnis zu verdecken vermag. Es ist sogar so, dass das Besserwerden nicht notwendigerweise gut ist, denn vielleicht verstärkt das ja die Sucht nach dem Spiel und man vernachlässigt dann andere Pflichten! Am Ende ergibt sich, dass man das Spielen an sich als Privileg wahrnimmt. Man „teilt nicht mehr ein in gut und schlecht“ und freut sich einfach am Spiel, ganz so wie Buddhisten das Leben überhaupt angehen. Es hilft, sich einen Moment Zeit zu nehmen und an das leere Brett zu denken, bevor man eine Partie beginnt.

American Go Journal XXVIII, 4 (Herbst 1994), 34-35

Bindung

Ich bin ziemlich unzufrieden mit diesem ersten Versuch, den buddhistischen Begriff der Bindung zu charakterisieren, den ich in späteren Aufsätzen wieder aufgreife. Es handelt sich um ein Konzept, das sich nur schwer zum Ausdruck bringen lässt. Das liegt zum Teil an den Komplikationen, die sich daraus ergeben, dass ich vermeiden möchte, gleichzeitig Aussagen über innewohnenden Wert (oder Wert „an sich") zu treffen. Der Zusammenhang mit Go ist unklar, weil man im Go Steine aufgibt, um ein besseres Gesamtresultat zu erlangen; ein Kind „aufzugeben" ist etwas ganz anderes. Sein Kind loslassen zu können ist zwar wichtig, eines zu verlieren ist aber ganz und gar nicht das Gleiche wie das Opfern eines Steins. Heute scheint mir der Aufsatz auf einem schlechten Wortspiel zu beruhen. Das Wortspiel in der letzten Zeile mag ich jedoch. *

Bindung (*attachment*) ist ein wichtiger Begriff, sowohl im Go als auch in buddhistischer Philosophie, allerdings scheint er in den beiden Bereichen für recht Unterschiedliches zu stehen. Für Buddhisten ist „Bindung" eine Art, den Ursprung allen Leidens zu kennzeichnen. Sie hält uns im Kreislauf von Geburt und Tod gefangen; uns von der Bindung an Dinge zu lösen ist entscheidend, um Erleuchtung zu erlangen. Beim Go dagegen gibt es durchaus Situationen, in denen das Anlegen (*attaching*) an gegnerische Steine eine nützliche Taktik sein kann. Vor allem ist es ein effektiver Weg, um Steine in feindlicher Umgebung zu sichern. Anlegen stärkt den Stein des Gegners, aber auch den eigenen, und kann so zur Bildung einer lebenden Gruppe führen. Beim Go kann also Anlegen in einer schwierigen Situation

* Im Deutschen lassen sich die beiden Wortspiele leider nicht wiedergeben. Der Ausdruck *attachment* im Original wird im buddhistischen Kontext oft mit Anhaftung oder Bindung übersetzt, mit letzterem auch in der Psychologie. Im Go-Kontext bezeichnet *attachment* jedoch nicht das Anbinden an eigene Steine (im Englischen würde man dann von *connecting* sprechen), sondern das Anlegen an Steine der gegnerischen Farbe. Die kurzen Zusätze in Klammern machen diese begriffliche Parallelführung im englischen Original kenntlich, ebenso im Fall des angesprochenen Wortspiels in der letzten Zeile. (Anmerkung der Übersetzer.)

zum Leben verhelfen, wogegen man im Buddhismus wahrhaftiges Leben erlangt, indem man Bindungen aufgibt.

Gemäß buddhistischer Philosophie finden die, die noch nicht erleuchtet sind, Bindung sehr gut, wogegen beim Go Anfänger oft erschrecken und in Panik geraten, wenn der andere Spieler an einen ihrer Steine anlegt. Können wir etwas über diese beiden Begriffe von Bindung (*attachment*) lernen, indem wir sie zusammenführen?

Im Buddhismus heißt gebunden (*attached*) sein, dass man etwas so behandelt, als habe es Wert an sich, einen ganz konkreten, weshalb sein Verlust schlecht, wenn nicht gar verheerend wäre. In diesem Sinne hängen (*are* [...] *attached*) Eltern oft an ihren Kindern, Menschen an ihrer Arbeit oder an anderen Dingen, die sie als wesentlich für ihre Persönlichkeit und ihr Überleben ansehen. Für Buddhisten ist diese Haltung ein Fehler und sie verstehen sie sogar als eine Form von Gier, genauer gesagt, als Versuch, mehr zu haben als angemessen oder sogar möglich ist, indem man Dinge dazu benutzt, dem eigenen Leben eine Art Wert an sich zu geben. Weil jedoch Dinge, wie etwa Kinder und Siege, kommen und gehen, und weil dieses Kommen und Gehen von vielen Dingen abhängt, über die man keine Kontrolle hat, ist man, falls man den Wert der eigenen Existenz danach bestimmt, dass man an einigen von ihnen festhält, verdammt zu einem Leben in Angst und Sorge.

An etwas gebunden zu sein bedeutet also in der buddhistischen Philosophie, dass man mit aller Kraft an etwas festhält, im Glauben, es aufzugeben wäre desaströs. Es geht also darum, zu lernen, Dinge wertzuschätzen und Freude an ihnen zu haben, ohne dabei zu glauben, ihr Wert und unsere Fähigkeit, Freude an ihnen zu haben, hinge davon ab, dass wir sie auf Dauer besäßen. Hier nun zeichnet sich allmählich die Parallele zum Anlegen (*attachment*) im Go ab.

Der Stein, den man anlegt, ist sehr wertvoll, erhält seinen Wert aber oft dadurch, dass man ihn aufgibt. Anfängern erscheint dies widersprüchlich, da sie zur Ansicht neigen, verhindern zu müssen, dass irgendeiner ihrer Steine gefangen wird. Daher halten sie an einem Stein, an den ihr Gegner angelegt hat, verbissen fest. Wenn sie können, versuchen sie den angelegten Stein zu fangen, und sehen nicht, dass sie gierig sind und hier den Wert einer Sache falsch einschätzen. „Aha, du willst diesen Stein?“ denkt der stärkere Spieler, „Möchtest du noch einen?“ An guten Dingen soll man nicht einfach für immer festhalten. Oft führt ihre Aufgabe zu noch Besserem. Dieses

Verstehen des Prinzips, Steine zu opfern, Steine leicht zu behandeln, ist ein wichtiger Schritt auf dem Weg, Go spielen zu lernen.

Go-Spieler sind also gut darauf vorbereitet, den buddhistischen Begriff der Bindung (*attachment*) zu verstehen. Man setzt ein paar Steine und geht daran, eine Gebietsanlage oder eine lebende Gruppe aufzubauen, ohne sich zu scheuen, für eine bessere Gesamtposition einen Stein oder gar eine Gruppe herzugeben. Um das Ziel zu erreichen, am Ende des Spiels den größeren Teil des Bretts besetzt zu haben, betrachtet man jeden Stein als kostbar und gleichzeitig entbehrlich. Nicht viel anders blicken Buddhisten auf ihren Besitz, ihre Arbeit, ihre Kinder, ihr Leben überhaupt. Die einzige Möglichkeit, diese Dinge wirklich zu genießen, besteht darin, zu erkennen, dass keines davon essentiell und dass alle vergänglich sind. Wenn man eines verliert, ist man folglich weder am Boden zerstört, noch bringt einen das vom Weg zur Erleuchtung ab. Das bedeutet nicht, dass man sie nicht als wertvoll behandelt. Die einzige Möglichkeit, die Welt wirklich wertzuschätzen, ist gerade, ihr zu entsagen, sie leicht zu nehmen. Im Leben ist die Bindung an Dinge belastend. Aus der Praxis des Anlegens im Go können wir lernen, wie wir unser Leben leicht (*light*) machen, und sogar erleuchtet (*enlightened*).

American Go Journal XXIX, 1 (Winter 1995), 20-21

Go-Sprichwörter als Koans

Man muss sich klarmachen, dass Koans *dazu da sind, einen von einem bestimmten Weg abzubringen und auf einen anderen zu führen. Sie sind nicht einfach nur seltsame Rätsel. Interessanterweise ist dies bei einigen Go-Sprichwörtern offenbar genauso. Was das Ende des zweiten Absatzes angeht, so würde ich heute eher sagen, dass ein* Koan *auf eine „Erfahrung" hinweist, als auf eine „Einsicht".*

Der japanische Ausdruck *Satori* bezeichnet die Erfahrung der Erleuchtung, also die Erkenntnis davon, wie es sich auf der Welt wirklich verhält. Sie ist das vorrangige Ziel von Übung und Meditation. Die Zen-Tradition ist jedoch berühmt für ihre Behauptung, man könne nicht sagen, was es sei, was man da erkenne, dass man also den Inhalt der Erleuchtungserfahrung nicht in Worte fassen könne. Obwohl sie alles kläre, sei sie eine Erfahrung jenseits der Sprache. Anstelle einer Erläuterung, wie es sich auf der Welt verhält, hören Zen-Schüler von denen, die erleuchtet wurden, Sprüche, die *Koan* genannt werden und die oft etwas paradox klingen: „Teile nicht ein in gut und schlecht." „Es gibt kein Selbst." „Triffst du Buddha unterwegs, töte ihn."

Man versucht, solche Sprüche mittels genauer Analyse und der Betrachtung von konkreten Beispielen und Anwendungen zu verstehen, aber daraufhin wird einem jedesmal gesagt, dass eine solche Herangehensweise wertlos sei, und in der Tat wirft sie lediglich weitere Fragen auf: Ist es gut, nicht in gut und schlecht einzuteilen? Wer ist es, der sagt „Es gibt kein Selbst"? Hat der Buddha nicht Gewaltverzicht gelehrt? Man muss versuchen, den Blickwinkel zu erlangen, aus dem heraus solche Sprüche entstehen, und das gelingt nicht, indem man Einzelinterpretationen anhäuft. Solche Sprüche sind allgemeine Aussagen, in denen eine Sichtweise zum Ausdruck kommt, das heißt, sie sind Sprichwörter, und die bloße Kenntnis solcher Sprüche kommt der Erfahrung, aus der sie sich herleiten, nie gleich. Daher lernt man als Zen-Schüler nicht einfach Listen solcher Sprichwörter auswendig. Stattdessen versucht man, die Einsicht zu erlangen, auf die sie bestenfalls lediglich hinweisen.

Fast alle Go-Spieler sind mit interessanten „Sprichwörtern“ vertraut, in denen sich die Weisheit von Generationen von Spielern versammelt und die zuweilen den übermittelten paradoxen Zen-Koans sehr ähneln: „Wenn du rechts spielen willst, muss du zuerst links spielen.“ „Wer am wenigsten Gruppen hat, gewinnt.“ „Zuerst musst du dich selbst besiegen.“ Wenn man diese als einfache Regeln oder unmittelbare Tatsachenbehauptungen auffasst, wird man wie beim Zen-*Koan* die enthaltenen Botschaften komplett verfehlen – und wahrscheinlich auf sehr bizarre Art spielen. Dennoch weisen solche Go-*Koans* auf verschiedene Aspekte hin, wie es sich auf dem Go-Brett tatsächlich verhält, und wie bei den Zen-Koans kann uns das Nachdenken über sie zur Go-Erleuchtung führen. Sowohl im Zen als auch im Go versucht man, eine besondere Sichtweise auf die Verhältnisse zu entwickeln, eine besondere Weise, sie zu erfahren. Diese besondere Weise ist nichts, was man in ein paar klaren Regeln und Prinzipien zusammenfassen könnte. Ebensowenig ist sie leicht zu begreifen, wenn man innerhalb des Rahmens unserer üblichen Denkweisen verbleibt. Das Ziel des *Koans* ist es, in uns einen grundlegenden Wandel herbeizuführen in der Art und Weise, wie wir über die Verhältnisse denken.

Der Versuch wäre töricht, in Worte zu fassen, worin dieser Wandel besteht, gerade im Fall von Zen, aber wie wir bemerken, sagen die Zen-Meister noch mehr. Sie warnen und bremsen uns; im Wesentlichen sagen sie, dass wir nicht glauben dürften, wir hätten auch nur die geringste Ahnung wie es sich wirklich verhält, und versuchen weiter, uns in die richtige Richtung zu lenken. „Triffst du Buddha unterwegs, töte ihn!“ scheint ein Beispiel für ersteres zu sein, „Teile nicht auf in gut und schlecht“ ein Beispiel für letzteres. Vielleicht wäre es sinnvoll, Go-Sprichwörter in dieser Weise aufzufassen.

Der Vorschlag, regelmäßig auf der anderen Seite zu spielen als der, auf der man denkt, dass man spielen sollte, scheint unsinnig; aber es ist schwierig, die für Anfänger typische Fixierung auf lokale Interaktionen zu überwinden und auf das Brett als Ganzes zu achten. Im Sprichwort „Wenn du rechts spielen willst, musst du zuerst links spielen“ geht es um eine bestimmte Sichtweise auf das, was auf dem Brett geschieht; es bietet keine Regel an, die man ohne Nachdenken anzuwenden hätte. Auch nimmt man an, dass man, um irgendetwas besser zu können, mehr über die richtigen Techniken herausfinden müsse. Folglich ist es schwer zu begreifen, dass die Überwindung der eigenen Gier oder der eigenen Furchtsamkeit wichtiger ist, als das Lernen von

Eröffnungssequenzen, und es ist schwer zu glauben, dass Freude am Demütigen des Gegners ein Hindernis fürs Stärkerwerden darstellt.

Das Sprichwort „Zuerst musst du dich selbst besiegen" enthält also einen weisen Rat, wie man stärker wird, und nicht etwa fromme Moral, oder etwa den Vorschlag, die eigenen Gruppen zu töten, um zu gewinnen. Dieses *Koan* weist darauf hin, dass wir aus den üblichen anfänglichen Denkweisen übers Besserwerden ausbrechen müssen, weil diese selbst ein Hindernis fürs Weiterkommen sind. Die Existenz von Go-*Koans* zeigt also, dass der Weg zu einem klareren, „erleuchteteren" Verständnis des Spiels über die Erkenntnis führt, dass man nicht einfach nur immer neue Wissensbausteine auf den schon erstellten Unterbau fügt. Die Fundamente selbst müssen regelmäßig abgerissen und neu aufgebaut werden. Man darf nie annehmen (jedenfalls nicht vor dem Go-*Satori*), dass man irgendeinen Aspekt des Spiels wirklich verstünde. Wenn man glaubt, man hätte etwas endlich verstanden, bedeutet das nur: Es ist Zeit, nochmal von vorn anzufangen.

American Go Journal XXIX, 2 (Frühjahr 1995), 34-35

DAS LEERE BRETT 4

Die Überwindung des Selbst im Go

Als ich diesen Text schrieb, hatte ich den expliziten Verweis auf Go in den Schriften Dogens noch nicht entdeckt. Es herrscht ein etwas akademischer Ton in diesen frühen Texten, mit ihren Bezugnahmen auf bestimmte Philosophen und deren Verwendung fremdsprachiger Ausdrücke – und ihrer langen, verschlungenen Sätze. Mehr und mehr klingt dieser im Verlauf meiner Hinwendung zu einem entspannteren Plauderton ab. Die Bedeutung des Vorgabesystems beim Go taucht in diesem Text das erste Mal auf, ebenso wie die Vorstellung von Go als einer Kampfkunst im Sitzen.

Eine interessante Auffassung von Go ist die, dass es sich dabei um eine Art Kampfkunst im Sitzen handelt. Man war früher oft durchaus ganz bewusst dieser Ansicht. Go wurde betrachtet als ein Weg (*do/dao*), eine Praxis, die es einem erlaubt, die letzte Stufe der Existenz zu erreichen und mit der höchsten Ebene der Realität in Kontakt zu treten, also Erleuchtung zu erlangen und ins Nirvana einzutreten. In den Kampfkünsten wird dieses Ziel oft als Überwindung des Selbst und Einswerden mit dem *Dao* bezeichnet. Ein verbreitetes Missverständnis ist die Ansicht, das sei gleichbedeutend mit der Erfahrung, in einer Tätigkeit aufzugehen, aber in den Kampfkünsten geht es dabei nicht einfach nur darum, zu lernen, sich auf die Tätigkeit zu konzentrieren und sich nicht länger seiner selbst bewusst zu sein – also um etwas, das jeder ausgebildete Sportler beherrscht. In den Kampfkünsten geht es darum, eine bestimmte Art des Selbstverständnisses zu zertrümmern, sowie die damit zusammenhängende Art und Weise, wie man die Welt erfährt und mit Anderen umgeht. Man erwartet, dass dies tiefgreifende Auswirkungen auf alle Belange des eigenen Lebens hat, nicht nur darauf, wie man die Kunst ausübt. Die Verwandlung ist eine grundlegende – wie das Erwachen aus einem Alptraum.

Man kann sich natürlich immer noch Go in diesem Sinne nähern, als *Dao*. In der Tat finde ich es erstaunlich, wie oft das Spiel offenbar eine bestimmte Wirkung dieser Art auf Spieler hat, denen diese Herangehensweise daran mit Sicherheit unbekannt ist. Es einfach nur zu spielen scheint viele Spieler dem *Nirvana* näherzubringen, oder in den Worten der alten Chinesen, sie zu „besseren" (das heißt, erleuchteten) Menschen zu machen. Genau so verhält es sich auch bei einem echten *Dao*. „Es einfach tun – das bedeutet, erleuchtet zu sein", sagte Dogen, der japanische Zen-Meister des 13. Jahrhunderts. Er sprach zwar von der Meditation im Sitzen (*zazen*), aber er meinte genau dies.

Um zu verstehen, wie man ins *Nirvana* eintritt, indem man einfach nur Go spielt, ist ein gewisses Verständnis dessen notwendig, was es heißt, das Selbst zu überwinden. Die buddhistische Vorstellung davon, was ein Mensch ist, unterscheidet sich grundlegend von der im Westen verbreiteten. In der letzteren geht man davon aus, dass jede Person ein eigener, unabhängig und selbstverantwortlich Handelnder ist. Es besteht zwar jede Person aus Teilen, diese Teile legen jedoch kraft ihrer Beziehungen untereinander die Person fest. Diese inneren Beziehungen sind es, die das wahre Selbst ausmachen; äußere Beziehungen zu anderen Personen und zur Welt sind nach dieser Sichtweise nicht für das grundlegende Wesen bestimmend.

Gruppen von Individuen, wie Familien oder Gemeinschaften, gelten im Westen daher oft als Abstraktionen; real sind ihre jeweiligen Mitglieder. Diese Individuen können eine Gruppe verlassen und einer anderen beitreten und dabei die gleiche Person bleiben. Dies ist das berühmte cartesianische Ego, das Ego, das sagt: „Ich denke, also bin ich." Das ist die philosophische Vorstellung, in der der westliche Individualismus wurzelt, die Ansicht, dass alle Handlungen und alle Werte letztendlich die Handlungen und Werte von Einzelnen sind. Diese Einzelnen können miteinander zusammenarbeiten, aber sie bleiben getrennte Individuen.

Genau diese Auffassung des Selbst ist laut Buddha die wichtigste Quelle menschlichen Leidens, und ist daher die schwerwiegendste aller Täuschungen, der Menschen oft erliegen. Es ist das Selbst in diesem Sinne, auf dessen Überwindung die Kampfkünste angelegt sind; der Sinn ihrer Ausübung liegt darin, sich von dieser Täuschung zu befreien. Diese Auffassung des Selbst schafft ungeheure Probleme, da sie uns nahelegt, zu glauben, wir könnten unser Leben dadurch besser machen, dass wir Dinge für uns selbst als getrennte Individuen erwerben oder erreichen. Die Buddhisten behaupten, dass das Leben tatsächlich ein gemeinsames Unternehmen ist; wir alle sind Teil voneinander, in ganz wörtlichem Sinne. Es ist daher unsinnig, zu glauben, ich könne für mich selbst etwas Gutes tun zu deinen Lasten. An diesem Punkt kommen wir in die Lage zu erkennen, wie Go uns dabei helfen kann, das Selbst, wie wir es im Westen gewöhnlich auffassen, zu überwinden.

Bei den meisten Wettkampfspielen fällt es leicht, zu glauben, dass man dadurch, dass man gewinnt, also durch eine persönliche Leistung, etwas tut, das an sich gut ist und wodurch das eigene Leben zumindest ein wenig besser wird. Tatsächlich wirkt das Vorgabesystem beim Go dieser unglückseligen Idee entgegen. Der Sinn der Vorgabe liegt darin, die Qualität des Spielens, also eine gemeinsame Leistung, nicht eine persönliche, zu dem zu machen, worum es eigentlich geht. Selbst dann, wenn ein Spieler das Vorgabesystem nur als lästig empfindet und sich aufs Gewinnen zu konzentrieren versucht, wirkt seine Verwendung dieser Haltung entgegen. Die Spieler beginnen auf ganz natürliche Weise, dem Vorgang des Spiels mehr Aufmerksamkeit zu schenken und sich an besonders wirkungsvollen Zügen zu erfreuen – selbst dann, wenn ihre Wirkung ihre eigenen Gewinnchancen schmälert.

Ein weiteres augenfälliges Beispiel dieser Überwindung des Selbst ist die unter Go-Spielern verbreitete Praxis, den anderen in einem Turnier darauf hinzuweisen, wenn er nach einem Zug vergessen hat, die Uhr zu drücken. Offensichtlich beeinträchtigt diese Praxis die eigenen Gewinnchancen und es gibt keine Regel, die verlangt, dass man den anderen auf sein Versehen aufmerksam machen soll. Dennoch wird dies unter Go-Spielern überall so gehandhabt.

Das Ausmaß, in dem Go ganz natürlich zur Überwindung des Selbst in diesem Sinne führt, ist einer der großen Anziehungspunkte des Spiels. Auch dann, wenn man nicht bemerkt, dass man auf diese Weise einen Fuß ins Tor zum *Nirvana* bekommt, bedeutet es in buddhistischer Sichtweise genau das. *Nirvana* ist der Ort oder der Zustand des Erleuchtetseins. Erleuchtet zu sein, ist der Zustand, das Selbst überwunden zu haben. Spielen wir also einfach – und stellen wir fest, wie oft wir in der Tat unser Lächeln teilen.

American Go Journal XXIX, 3 (Sommer 1995), 30-31

DAS LEERE BRETT 5

Wu-Wei (Nicht-Handeln) und Go-Intuition

Die größere Länge dieser frühen Kolumnentexte erlaubt es, durchaus komplexere Begriffe zu erklären, wie den des „Nicht-Handelns". Dieser hier liest sich wie ein Vortrag, aber ich glaube, es gelingt ihm, eine gewisse Klarheit hinsichtlich eines schwierigen Konzepts zu schaffen. Tatsächlich setzt dieser Text die Überlegungen zur Überwindung des Selbst fort, die im vorigen begonnen wurden. In der Regel vergingen jeweils ein paar Monate zwischen dem Verfassen dieser frühen Texte, aber ich dachte laufend über diese Themen nach, da ich sie in meinen Kursen am College of William and Mary behandelte.

Der chinesische Begriff *wu-wei* (gewöhnlich übersetzt als „nicht-handeln") spielt im Daoismus eine wichtige Rolle und er ist jedem bekannt, der mit östlichem Denken näher in Berührung gekommen ist. Die meisten finden es jedoch sehr schwierig, zu verstehen, was dieser Begriff bedeutet. Hier haben wir als Go-Spieler einen Vorteil, da wir ständig am „Nicht-Handeln" sind, denn es geht dabei um das, was man Spielen nach Intuition nennt.

Bevor ich dies weiter ausführe, muss ich zunächst etwas darüber sagen, was diesen daoistischen Begriff so rätselhaft macht. Der Begriff *wu-wei* wird verwendet, um sich auf das Verhalten von Menschen zu beziehen, die erleuchtet sind und von denen man sagt, das was sie tun, sei nicht-handeln. In westlichen Ohren klingt dies jedoch nach Passivität. Die Annahme liegt nahe, dass Nicht-Handeln darauf beruht, dass man nicht handle. Diese Annahme geht zurück auf jene, dass „nicht-handeln" und „nicht handeln" das Gleiche sind, wohingegen die Daoisten bemerkenswerterweise diese beiden Begriffe unterscheiden. Wenn wir fragen „Was tut ein Erleuchteter?" antworten Daoisten, das Entscheidende sei nicht, dass man handle, und auch nicht, dass man darauf verzichte, zu handeln. Stattdessen sei das, was man tue, „nicht-handeln", was weder bedeute zu handeln noch nicht zu handeln.

So eine Antwort ist natürlich alles andere als erhellend. Wenn „nicht handeln" und „nicht-handeln" keine Synonyme sind, wie sollen wir sie dann verstehen? Alles was wir zunächst sagen können, ist dass

Daoisten versuchen, vom offenkundigen Gegensatzpaar des Handelns und des nicht Handelns eine Alternative abzuheben. Damit soll gesagt werden, dass es eine Art und Weise gibt, mit der Welt zu tun zu haben, also mit der Welt umzugehen, bei der man weder in ihr handelt, noch nicht in ihr handelt. Aber worin könnte die bestehen? Vielleicht verbirgt sich die Lösung darin, dass das allgemeine Verständnis von „handeln" problematisch ist – und worauf es hinauslaufen soll, ist, dass man es zu vermeiden habe, in einem ganz bestimmten Sinne zu handeln, nicht in jedem Sinne. Was könnte also dieser problematische Sinn von „handeln" sein, und auf welche Art von „handeln" soll der Begriff *wu-wei* hindeuten?

Nun weiß jeder, der sich mit östlichem Denken näher befasst, dass wir hier an der Vorstellung des Handelnden, also demjenigen, der handelt, ansetzen müssen. Das Problem hängt mit der Annahme zusammen, dass es ein Selbst gibt, das vermeintlich handelt oder nicht handelt. Um dies zu verstehen, müssen wir klären, warum ein unabhängiges Ego, das als Auslöser und Nutznießer von Handlungen dienen könnte, eigentlich nicht existiert. Was wir uns also gewöhnlich als Handlung vorstellen, gibt es eigentlich nicht, da es, in gewöhnlichem Sinne, keinen Handelnden gibt, und deshalb ist das, was Erleuchtete tun, nicht handeln (in diesem Sinne), oder darauf verzichten zu handeln (falls das tatsächlich eine Option ist). Diese Ausführung ist jedoch dabei, lang, kompliziert und schwer verständlich zu werden. Go-Spielern steht ein direkterer Weg offen. Wir können einfach sagen, es ist so wie Spielen nach Intuition, und jeder Go-Spieler sollte wissen, wie das geht.

Dem Spielen nach Intuition stehen zwei anderen Arten des Spielens gegenüber: Spielen auf der Grundlage überlegter Analyse zum einen, und zum anderen Spielen, indem man mehr oder weniger zufällig Steine aufs Brett streut. Wir neigen dazu, das erste dieser beiden als „ernsthaftes" Spielen anzusehen und das andere bestenfalls als eine Art Zeitvertreib. Wenn man von diesen beiden Arten des Spielens ausgeht, fällt es jedoch oft schwer, das Spielen nach Intuition zu verstehen. Weil das Spielen nach Intuition sicher nicht „ernsthaftes" Spielen in diesem Sinne darstellt, nehmen wir vielleicht an, dass es daher weniger als ernsthaft, also suspekt sein müsse. Das mag der Grund dafür sein, dass manche Leute Blitzpartien gegenüber ziemlich negativ eingestellt sind – sie denken, dass solche Partien kein „ernsthaftes" Spielen darstellen, da man keine Zeit für Analyse und Berechnung hat.

Wir benötigen also eine Klärung des Unterschieds zwischen dem Spielen nach Intuition und dem Spielen, indem man Steine aufs Brett streut. Wenn man das Spiel erlernt und dabei überlegte Analyse einsetzt, um verstehen, was vor sich geht, das heißt, was man in verschiedenen Situationen tun sollte, erkennt man mit der Zeit bestimmte Arten von Mustern. Wenn man diesen Mustern dann wiederbegegnet, braucht man nicht zu analysieren – jedenfalls nicht dann, wenn man damit zufrieden ist, auf dem gegenwärtig erreichten Verständnisniveau zu spielen. In diesen wiedererkannten Situationen spürt man einfach, was angebracht erscheint, und tut es dann. Auf Grund früherer Analyse ist man in der Lage zu sehen, wie die Dinge liegen, und man kann handeln, ohne das Brett inspizieren zu müssen, um herauszufinden, wie sie liegen.

Bei dieser Art des Spielens denkt man nicht wirklich darüber nach, was man tut; zwischen dem Blick aufs Brett und dem Wissen, was zu tun ist, gibt es keinen Graben, den man durch Analyse zu überbrücken hätte. Es ist klar, dass dies nicht das gleiche ist, wie das Streuen von Steinen. Man reagiert auf eine unmittelbare und spontane Weise darauf, wie die Dinge auf dem Brett liegen, die darauf beruht, dass man zu spüren gelernt hat, wie die Dinge liegen. Es handelt sich also weder darum, auf der Grundlage von Analyse zu spielen, noch darum, *nicht* auf der Grundlage von Analyse zu spielen. Genausowenig bedeutet es, einfach mal hier und mal dort zu spielen. Es ist eine Art des Spielens, die durch Verständnis ermöglicht wird. Und je besser unser Verständnis ist, desto besser wird unsere Intuition sein.

Intuition ist ein unmittelbares Spüren, wie die Dinge liegen. Das heißt, wenn man ein besseres Verständnis davon erlangt, was auf dem Brett geschieht, dann sieht man viel häufiger unmittelbar, was zu tun ist. Auf der höchsten Stufe der Go-Erleuchtung sollte man also nie „nachdenken" müssen, sondern man würde einfach nur spielen, weil immer klar wäre, was zu tun ist. Natürlich erwartet kein Go-Spieler, diese höchste Stufe zu erreichen, aber in einem bestimmten Ausmaß wenden alle Go-Spieler Intuition an.

Was alle Go-Spieler folglich tun, ist nicht-handeln, jedenfalls dann, wenn sie Go spielen, und sie können also verstehen, wie das ist, als Erleuchteter in der Welt zu sein. So jemand sieht die Dinge, wie sie wirklich sind und muss nicht darüber nachdenken, was er tun soll. Das Leben spielt sich einfach von selbst ab. Wenn man Go nach Intuition spielt, ist ein unabhängiges Selbst ebensowenig beteiligt, da es nicht nötig ist, Züge zu analysieren, zu entscheiden und zu rechtfertigen. Man spielt einfach. Die Brettsituation steuert das Spiel und die Steine spielen von allein.

Blitzpartien zwingen uns dazu, nach Intuition zu spielen, das heißt, ohne unser Selbst – ein Spielen, bei dem nichts außer diesem Spielen vor sich geht. In der Regel erkennen wir in solchen Partien, wie weit wir von der letztendlichen Go-Erleuchtung entfernt sind, aber wir bekommen auch eine Ahnung davon, wie sich das Leben als Erleuchteter anfühlt. Spielen nach Intuition ist weder Spielen (im gewöhnlichen „ernsthaften" Sinne), noch ist es nicht Spielen; es ist Nicht-Spielen.

American Go Journal XXX, 1 (Winter 1996), 34-35, 37

DAS LEERE BRETT ❻

Das Kampfspiel

Auch dieser Text enthält weiterführende Überlegungen zu einem früheren, dieser ist aber zudem noch etwas selbstreflektiver. Der Versuch, eine positive Haltung zum Kampf als Metapher für Go einzunehmen, fiel mir tatsächlich schwer. Ich neige immer noch dazu, zu sagen, dass Go ein friedliches Spiel ist und ein wirksames Gegenmittel gegen den menschlichen Hang zu kriegerischer Auseinandersetzung, aber ich bin mir im Klaren darüber, dass man das auch anders sehen kann. Unter dem Strich erachte ich nach wie vor die Lektion für wichtig, die ich beim Nihon Kiin gelernt habe, wo man den Gedanken, dass die Verbreitung von Go die Schaffung des Weltfriedens begünstigt, sehr ernst nimmt. Die Erörterung von Gewalttätigkeit im folgenden Text bedarf weiterer Ausarbeitung.

Diejenigen, die vorherige Texte dieser Kolumne gelesen haben, werden nicht überrascht sein, zu erfahren, dass ich die Bezugnahme auf Go als Kampfkunst im Sitzen zwar amüsant finde, aber dazu neige, kriegerische Ausdrücke und Metaphern zu vermeiden, wenn ich über Go spreche. Ich halte es für viel hilfreicher, Go als ein friedliches Spiel aufzufassen, anstatt als Kriegsspiel – also beispielsweise vom Fangen von Steinen zu reden und nicht vom Töten von Gruppen. Dennoch ist die Tradition, von Go als Kampfspiel zu sprechen, eine lange und starke, die auf viele Spieler anziehend wirkt, und die sich in den Sprachgebrauch der Alltagsrede über Go tief eingeprägt hat. In der Tat gibt es hier eine Parallele zwischen Go und Betätigungen, die man gemeinhin eher unter die Kampfkünste zählt, wie dem Weg des Schwerts (*kendo*) und dem Weg der leeren Hand (*karate*). Viele Leute fragen sich, wie die offensichtliche Gewalttätigkeit solcher Aktivitäten mit dem mitfühlenden Charakter des Buddhismus, der ja so eng mit diesen Kampfkünsten verbunden sein soll, zu vereinbaren sei. Wie kann es sein, dass das Erlernen, wie man einen Gegner mit einem einzigen Schlag tötet, Teil eines Wegs zur Erleuchtung ist? Diese Art von Bedenken mögen dem Widerstreben zugrundeliegen, Go ein Kriegsspiel zu nennen.

Die anfängliche Schwierigkeit besteht hier in der Annahme, dass Gewalttätigkeit und Mitgefühl grundsätzlich unvereinbar sind. Man versteht es durchaus richtig, dass der Buddhismus eine nichtgewalttätige Herangehensweise an den Umgang mit Konflikten befürwortet. Gewalttätigkeit nimmt jedoch viele Formen an, und daher kann dieser Begriff irreführen. Es geht darum, das Selbst zu überwinden, sich von der Bindung an eigene Ziele und Werte als Dinge, die eine Art Letztgültigkeit innehaben, zu lösen. Die Akte, die man gewöhnlich gewalttätig nennt, sind genau solche, in denen jemand etwas zerstört, um sein eigenes Ego voranzubringen, aber es gibt viele Akte traumatischer Veränderung, die nicht dieses Ziel haben. Offensichtliche Beispiele sind das Gebären, oder das Kauen von Nahrung. Es wäre eigenartig, solche Akte gewalttätig zu nennen, da ihnen gewöhnlich die Einstellung des „ich zuerst" fehlt. (Zu essen, weil man hungrig ist, ist angemessen; zu essen, um den Versuch fortsetzen zu können, andere zu unterdrücken, ist es nicht.) Dies eröffnet die Möglichkeit, dass Akte, die man normalerweise als gewalttätig erachtet, so ausgeführt werden können, dass sie tatsächlich nicht gewalttätig sind, insoweit bei ihnen Bindung ans Selbst fehlt.

Ein Anhänger des Karate würde demnach feststellen, dass es nicht mitfühlend ist, wenn man einem Angreifer immer erlaubt, einen widerstandslos plattzumachen. In der Tat handelt es sich hierbei um eine Form der Bindung an ein spezielles Bild von einem selbst, und den Versuch, dieses persönliche Ziel aufrechtzuerhalten, koste es was es wolle. Auf eine kleine Kinderhand zu schlagen, um einem Kleinkind zu helfen, zu verstehen, dass der Herd verboten ist, ist offensichtlich ein mitfühlender Akt – wir wollen nicht, dass das Kind sich verbrennt. Genau so verhält es sich beim Töten eines Angreifers. Es hängt von den Umständen ab. Was hat das mit Go zu tun? Es geht darum, dass die völlige Ablehnung kriegerischer Ausdrücke und Metaphern, als seien sie grundsätzlich von Übel, ein Fehler ist. Man kann etwas lernen aus der Tatsache, dass solche Ausdrücke beim Go oft verwendet werden, und deshalb will ich versuchen, meine Abneigung zu überwinden, und sehen, was ich der Idee von Go als Kampfkunst abgewinnen kann.

Eine der ersten Eigenschaften, die uns am Krieg auffällt, ist dass es sich dabei um ein sehr intensives Geschehen handelt. An einer Schlacht beteiligt zu sein, bündelt auf dramatische Weise unsere Aufmerksamkeit. Die Bedrohung ist elementar. Der Feind muss aufgehalten werden. Alles konzentriert sich auf dieses Ziel, und um es zu erreichen, lässt man sich von keinerlei Hindernis aufhalten. Diese Intensität bedeutet, dass man alles daran setzt, den besten Weg zu finden, das Ziel des Sieges zu erreichen. Dies bedeutet jedoch nicht, dass man nun daran geht, den Feind sinnlos abzuschlachten. Eine der interessanten Entdeckungen moderner Kriegsführung ist, dass es oft viel effektiver ist, den Feind zu verwunden, als ihn zu töten, da sich um die Verwundeten zu kümmern seine Gesamtressourcen in viel höherem Maße bindet. (Es ist besser, die Steine des anderen zu drangsalieren, als zu versuchen, sie zu fangen.) Darüberhinaus möchte ein Angreifer sogar möglichst viele der Ressourcen des Feindes unbeschadet lassen, um sie später selbst nutzen zu können. Die Vorstellung, dass Krieg notwendigerweise auf völlige Vernichtung ausgerichtet ist, geht also fehl.

Wenden wir dies auf Go an, finden wir also in der Vorstellung von Go als Kriegsspiel eine Betonung des Stellenwerts totaler Intensität, einer größtmöglichen Bemühung, den Zug zu finden, der die Oberhand sichert. Es ist keine entspannte Freizeitbeschäftigung, bei der halbherziges Bemühen und moderate Aufmerksamkeit irgendwie dazugehören. Es ist Krieg. Man muss alles aus sich herausholen und in die Schlacht werfen, als ginge es um das eigene Leben und alles, was einem lieb und teuer ist. Erst dann gelangt man zu der besten Art von Spiel, zu der man fähig ist.

Das Problem mit dem Bild von einer friedvollen Beschäftigung ist, dass wir uns vorstellen, dass man sich dabei nett verhält, nachgibt, nicht hart zu anderen ist, Platz macht. Diese Haltung wird im Go nicht funktionieren. Natürlich weiß jeder, dass dies nicht bedeutet, dass man einfach stur auf Angriff stellt und draufloskämpft. Außer bei einem ziemlich unebenen Feld (wenn die Vorgabe nicht angemessen ist) führt dies geradewegs ins Unheil. Die Attacke der leichten Brigade oder Picketts Charge bei Gettysburg sind bekannte Beispiele. Man muss Achtung vor seinem Gegner haben und sich nicht der Illusion hingeben, dass man das Geschehen völlig in der Hand hat. Krieg ist kein Kreuzzug, sondern ein Kampf – ein Kampf, der aufgrund seiner Intensität in der Lage ist, das Beste, wozu man fähig ist, aus einem herauszuholen. Und dies erfordert natürlich eine völlige Loslösung vom Ego.

Es liegt also durchaus etwas Positives darin, sich Go als Kampfkunst im Sitzen vorzustellen. Es kann ausgleichend wirken, wenn die Betonung des friedvollen Charakters des Spiels dahin neigt, möglicherweise zu einer laschen Einstellung zu ermutigen. Aber ich glaube, ich werde weiterhin Anfänger auf den Weg bringen, indem ich ihnen das „Fangspiel" beibringe und nicht das „Tötespiel"; und mir ist die Metapher des „Handgesprächs" nach wie vor lieber, als die des „Krieges".

American Go Journal XXX, 3 (Sommer 1996), 34-35, 39

DAS LEERE BRETT ❼

Das Handgespräch

Dieser Text ist ein Beispiel für das, was die Philosophie meiner Ansicht nach am besten kann, nämlich Erscheinungen der Alltagserfahrung heranzuziehen und sie in erhellender Weise zu analysieren. Ich vermute, dass die meisten meiner Leser noch nie so über Gespräche nachgedacht hatten, wie es hier geschieht, aber ich hoffe, dass sie alle die Unterscheidungen und Charakterisierungen zumindest interessant fanden. Die amerikanische Kultur neigt so sehr dazu, auf Resultate und Produktivität ausgerichtet zu sein, dass man leicht vergisst, dass eine unproduktive Tätigkeit ihren eigenen Wert haben kann. Diese Unterscheidung zwischen Prozess und Produkt durchzieht diese Texte wie ein roter Faden.

Die Japaner verwenden den Ausdruck *„shudan“* als Metapher für Go. Er setzt sich aus zwei *Kanji* (Schriftzeichen) zusammen, dem für „Hand“ und dem für „Gespräch“, wir können ihn also als „Gespräch mit den Händen“ übersetzen. Diese Metapher spricht einige wichtige Aspekte von Go an, und bietet außerdem echte Hilfestellung bei der Lösung eines verbreiteten Problems. Jeder kennt die Erfahrung, in einer Partie einen Vorsprung zu erzielen, nur um am Ende aufgrund von späterer Unaufmerksamkeit zu verlieren. Sich das Spiel als Gespräch vorzustellen, kann dabei helfen, dieses Problem zu überwinden.

Das erste, was uns einfällt, wenn wir über diese Metapher nachdenken, ist, dass Go es ermöglicht, dass zwei Menschen, die keine gemeinsame Sprache sprechen, in sozialen Austausch treten, indem sie eine Partie spielen. Auf diese Weise lässt sich ein allgemeiner Eindruck von einer anderen Person gewinnen, zumindest was ihren persönlichen Stil angeht – ob sie etwa eher zaghaft ist oder angriffslustig, umsichtig oder impulsiv, und ob sie sich an den Sieg bindet. Außerdem kann man die Erfahrung teilen, sich gemeinsam für etwas zu begeistern.

Unsere erste Deutung der Metapher wird sich also auf das Bild eines angenehmen und einigermaßen informativen sozialen Austauschs richten. Die Metapher eines Gesprächs hat jedoch noch viel mehr zu bieten, auch wenn, wie bei jeder Metapher, die Möglichkeiten ihrer Anwendung Grenzen haben werden. Um der Metapher auf den Grund zu gehen, müssen wir einen Augenblick darüber nachdenken, was ein gutes Gespräch ausmacht.

Ein Gespräch muss unterschieden werden von einem Vortrag und von einem Interview. Sowohl Vorträge, die sich von einer Person an eine andere oder an eine Gruppe richten können, als auch Interviews oder jede Art von Austausch, bei der die eine Person Fragen stellt und die andere antwortet, zielen auf Ergebnisse ab. Das heißt, für einen guten Vortrag oder ein gutes Interview gilt, dass sich daraus etwas Nützliches ergibt, normalerweise Informationen. Außerdem sind Vorträge und Interviews durch Ungleichheit der daran Beteiligten gekennzeichnet. Eine Person hat die Informationen, die die andere gerne hätte. Diese und andere Arten der Ungleichheit sind bei diesen Tätigkeiten kein Hindernis für ein gutes Ergebnis. Ein Vortrag unseres Vorgesetzten oder ein Interview mit einem König kann uns nützen. Eine zwanglose Unterhaltung über das Wetter ist eine weitere Art verbalen Austauschs, von der man Nutzen erwartet. In diesen Fällen ist das Ergebnis, auf das man abzielt, schlicht das Vermeiden von Langeweile, der Zeitvertreib oder eine umgängliche Atmosphäre zu schaffen, und auch hier stellt eine Ungleichheit der Beteiligten kein Problem dar.

Gespräche sind eine ganz andere Art von Tätigkeit. In diesem Fall sind die Beteiligten eher an einem Vorgang interessiert, als an einem Ergebnis. Worum es geht, ist die Qualität des Vorgangs, nicht seine Resultate. Ein Gespräch wird also nicht aufgrund dessen bewertet, was man daraus lernt oder was man dadurch erreicht, sondern aufgrund dessen, wie unterhaltsam oder spannend es ist, daran teilzunehmen. Ein Gespräch ist ein Beispiel für eine Tätigkeit, die sich selbst genügt.

In einem guten Gespräch erkundet man gemeinsam ein Thema beidseitigen Interesses. Ebenbürtigkeit ist hierfür entscheidend. Wenn die Beteiligten nicht in etwa gleich gut über das Thema informiert sind, wird die Erkundung zum Vortrag und nicht etwas, an dem beide gleichen Anteil haben (wie bei einer Lehrpartie), und der Kundigere wird einen äußerlichen Beweggrund benötigen, wie etwa ein Honorar oder den Wunsch, den Nachstehenden zu fördern. Wenn es einen Machtunterschied gibt, wird darüberhinaus derjenige in untergeordneter Position, wie etwa ein Angestellter oder Untergebener, nicht in der Lage sein, auf den Fluss des Austauschs ungezwungen einzugehen, sondern wird immer berücksichtigen müssen, welche möglichen nachteiligen Wirkungen es haben mag, etwas zu sagen, das den anderen verärgern könnte. Herrscht jedoch ungefähre Ebenbürtigkeit, kann ein Gespräch eine sehr erhebende Tätigkeit sein, die einem Gelegenheit bietet, einige der Vermögen zu verwirklichen, die einen ganz unverwechselbar zum Menschen machen. Es ist kein Zufall, dass wir dazu neigen, Menschen, die gute Gesprächspartner sind, sehr zu schätzen, und dass wir die Teilnahme an einem guten Gespräch zu den besten Gelegenheiten zählen, Zeit auszufüllen, anstatt sie lediglich zu vertreiben. Auf die offensichtlichen Parallelen zum Go-Spiel brauche ich hier nicht einzugehen.

Ein gutes Gespräch verlangt von den Beteiligten jedoch viel. Sie müssen versuchen, ungewöhnliche und fruchtbare Wege zu finden, das Gespräch voranzutreiben. Beide müssen sich darum bemühen, über das Bekannte hinauszugehen und beide müssen genau darauf achtgeben, was der andere sagt. Gegenseitige Achtung ist unerlässlich. Man geht immer davon aus, dass der andere versucht, etwas zu sagen, das den Prozess voranbringt, und wenn man nicht unmittelbar den Sinn einer Bemerkung versteht, nimmt man an, etwas zu übersehen.

In einem Gespräch hofft man, dem anderen wird etwas einfallen, das nicht nur relevant und anregend, sondern auch unerwartet erscheint, so dass der Vorgang nicht langweilig wird. Man hofft außerdem, dass der andere im Verlauf der Erkundung des Themas immer wieder Herausforderungen an das eigene Verständnis stellt, die etwas Anstrengung erfordern, wenn man ihnen gerecht werden will. Ein Gespräch unterliegt also nicht der Kontrolle einer einzelnen Person. Man gestaltet es gemeinsam und es entfaltet sich unter der Möglichkeit bedeutsamen Wandels immer weiter, so lange das Thema noch Offenheit bietet.

Hier beginnt die Metapher, etwas zur Situation des Spielers zu sagen, der Schwierigkeiten hat, „gewonnene" Spiele zu gewinnen. Es geht darum, wie man die richtige Einstellung aufrechterhält, wenn man in einer Partie vorne liegt. Wenn wir uns die Partie als ein Gespräch vorstellen, dann denken wir daran, dass der andere laufend versucht, sich etwas einfallen zu lassen, um dem Prozess eine neue Richtung zu geben. In der Tat hoffen wir, dass der andere in der aktuellen Situation interessante Herausforderungen entdecken wird.

Wir wollen, dass der andere sich bemüht, das Gespräch am Laufen zu halten, und sich nicht damit zufriedengibt, aus der gegenwärtigen

Position einfach die naheliegendsten Konsequenzen zu ziehen, denn das wäre langweilig. Wenn wir uns das Spiel so vorstellen, werden wir nicht dazu verleitet, zu denken, die Partie sei entschieden, das Gespräch vorbei, so lange der andere noch redet beziehungsweise spielt. Wir werden denken, „Nun, was will uns diese Bemerkung, dieser Zug sagen?“ „Auf welche unerwartete Entwicklung ist der andere aus?“ „Worauf wird hier hingewiesen, woran ich nicht gedacht habe?“ Wir hoffen sogar darauf, dass der andere eine unerwartete Herausforderung findet, die die Qualität des Prozesses steigert.

Wenn die weitere Entwicklung eines Gesprächs völlig vorhersehbar ist, wird es langweilig, aber ob dieser Punkt erreicht ist, hängt von den Fähigkeiten der Gesprächspartner ab. Wenn man annimmt, dass die weitere Entwicklung einer Partie völlig vorhersehbar geworden ist, bricht also die Achtung vor dem anderen Spieler zusammen. In einer Partie zurückzuliegen schafft den Ansporn, der die besten Leistungen hervorbringen lässt. Deshalb muss man in einer Situation, in der man vorne liegt, vom anderen am meisten erwarten, und man sollte darauf hoffen, genau darauf zu treffen, auf das Beste des Anderen.

Wenn wir uns also in Führung sehen, sagen wir zum anderen Spieler, „Na los, nimm die Herausforderung an und denk dir etwas aus. Sag was Interessantes.“ Dies ist der Moment, auf einen wirklich aufregenden Zug des anderen zu hoffen, der dem Stumpfsinn einer bereits vorhersehbaren Abfolge entkommt. Hoffen wir nicht, dass der andere aufgeben wird; hoffen wir, dass der andere etwas Spannendes sagt. Wenn wir immer etwas Unerwartetes erwarten, werden wir am Ende womöglich nicht enttäuscht.

American Go Journal XXXI, 1 (Winter 1997), 34-35

Das Karma der Go-Steine

Die „Amerikaner von heute", mit denen dieser Text beginnt, sind natürlich einige meiner Studenten, deren Verwirrung über dieses Thema mich dazu anregte, ihn zu schreiben. Das Deckblatt der Zeitschrift, das ich gegen Ende anführe, zeigte das Bild eines leeren Bretts als Problem, mit folgender Aufgabenstellung: Schwarz am Zug. Welcher Zug ist der beste? Schwierigkeitsstufe: 7.-9. Profi-Dan. Janice Kim hatte es vorgeschlagen. Ich weiß nicht, ob sie sich der Tiefe bewusst war, die ich darin entdeckte. Ich würde heute sagen, dass in diesem Text meine abschließende Bemerkung über das Nirvana bestenfalls irreführend ist. Im Nirvana zu sein, also erleuchtet zu sein, enthebt einen nicht der bedingten, wechselseitig abhängigen Natur des Alltagslebens.

Der Begriff des Karma ist schon in den ältesten Spuren indischen Geisteslebens zu finden. Er ist sicherlich älter als der Buddhismus und die Amerikaner von heute verwenden ihn oft ganz unbefangen. Darüber, worum es bei diesem Begriff genau geht, speziell in buddhistischem Zusammenhang, gibt es jedoch einiges an Verwirrung und Meinungsverschiedenheiten. Im alltäglichen Sprachgebrauch lässt er auf eine bestimmte Art und Weise an die kausalen Folgen unserer Handlungen denken. So mag man etwa seine gegenwärtige Lage als Resultat des Karmas erklären, oder sich auf den Umstand beziehen, dass eine gegenwärtige Handlung gutes oder schlechtes Karma in Hinblick auf die Zukunft schaffen werde.

Das Problem besteht darin, dass dies eine Art Determinismus nahezulegen scheint, also die Ansicht, dass unsere Gegenwart und unsere Zukunft zur Gänze Resultat unserer Handlungen in der Vergangenheit sind, was offenbar die Idee des freien Willens aushebelt und die Vorstellung erweckt, wir seien unserer Vergangenheit ausgeliefert. Karma wird zu einer Art Schicksal. Diese pessimistische Vorstellung ist sehr unschön, aber wie sollen wir die Tatsache auffassen, dass unsere Handlungen kausale Folgen für unsere Zukunft haben? Sind wir an die Vergangenheit gekettet, oder sind unsere zukünftigen Möglichkeiten unbegrenzt? Bedeutet ein Glaube an Karma nicht, dass wir zu einem vorherbestimmten Weg durch das Leben verdammt sind? Als ich in Japan war, um Go unterrichten zu lernen, machte mir Professor Michiyoshi Hayashi von der Frauenuniversität in Tokyo (Tokyo Joshi Daigaku), der sehr viel über die philosophische Bedeutung des Go-Spiels geschrieben hat (wovon leider keine Übersetzungen ins Englische oder Deutsche vorliegen), einmal deutlich, dass die Steine, die wir im Spiel setzen, viel Licht in dieses verwirrende Konzept bringen können.

Er begann mit dem Hinweis darauf, dass jemand, der das Spiel nicht spielt, den Eindruck haben mag, dass der Umstand, dass die Steine sich während des Spiels nicht bewegen, dazu tendiert, das Spiel statisch und langweilig werden zu lassen. Das Gegenteil ist jedoch der Fall. Das Spiel der sich nicht bewegenden Steine ist so dynamisch und fließend, dass wir dazu geneigt sind, in einer Weise darüber zu sprechen, als würden sich die Steine tatsächlich bewegen. Wir sprechen etwa davon, zu rennen und zu springen, von langsamen und schnellen Spielzügen, und so weiter. Professor Hayashi erklärte, dies sei einer der Aspekte, in denen Go so sei wie das Leben. Die Steine sind wie unsere Handlungen. Sind sie einmal da, kann man sie nicht mehr zurücknehmen, wir müssen mit den Konsequenzen unserer Handlungen leben. Das hat jedoch nicht zur Folge, dass wir dadurch einer Art starren Determinismus ausgesetzt werden. Ganz im Gegenteil.

Die Steinformationen, die bereits auf dem Brett liegen, schaffen die Grundlage dafür, dass sich Möglichkeiten für zukünftige Züge eröffnen. Und die Möglichkeiten, die ein guter Zug eröffnet, sind so raffiniert, dass sie dynamisch und lebendig wirken, hoch flexibel, voller ergiebiger und aufregender Handlungsspielräume – ganz das Gegenteil der fixen, statischen Vorgaben eines deterministischen Systems. Das Karma der Steine gleicht also dem unserer Handlungen im Leben. Bevor der erste Stein gesetzt wird, existiert auf dem Brett eine so gut wie unbegrenzte, aber abstrakte, Offenheit an Möglichkeiten. In diesem abstrakten Reich kann man jedoch nicht spielen. Man kann nur mit tatsächlichen Möglichkeiten umgehen, die auf dem Brett real existieren, weil Steine darauf gespielt worden sind. Man kann seine Züge nicht zurücknehmen, aber wenn keine Steine auf dem Brett liegen, gibt es auf ganz konkrete Weise nichts, was man tun könnte. Es gibt keinen Kontext, der einem Zug Bedeutung oder Wert verleihen würde. Umfang und Art der Möglichkeiten, die durch ein bestimmtes Muster der Steine auf dem Brett geschaffen werden, können auf das Spielgeschehen eine mehr oder weniger günstige Wirkung haben, und in diesem Sinne können wir von gutem und schlechtem Karma in den Steinen sprechen.

Das Karma der Steine ist jedoch im Grunde gut, da es ohne dieses Karma kein Spiel geben kann.

Meine zukünftigen Züge werden also nicht von meinen vergangenen Zügen vorherbestimmt. Die Vergangenheit schafft die Möglichkeit einer begrenzten Anzahl von Zukünften, das heißt, die Vergangenheit legt Grenzen dafür fest, welche Gestalt die Zukunft annehmen kann; es sind jedoch meine Züge, die im jeweiligen gegenwärtigen Moment entscheiden, welche dieser zukünftigen Möglichkeiten eintreten wird. Daher gibt es keinen Widerspruch zwischen dem Karma vergangener Handlungen und dem freien Willen. Die Tatsache, dass sich die Vergangenheit nicht ändern lässt und dass die Zukunft aus der Vergangenheit folgt, bedeutet nicht, dass die Zukunft von der Vergangenheit vorherbestimmt wird. Ein wenig Nachdenken zeigt, wie so oft, dass Go-Spieler einen Vorsprung haben, wenn es darum geht, etwas zu verstehen, das für viele verwirrend ist.

In einer bestimmten Hinsicht unterscheidet sich auf diesem Gebiet jedoch Go vom Leben, und das war vor kurzem das Thema des zauberhaften Deckblatts einer Ausgabe des *American Go Journal* (Band 30, Nummer 3). Konfrontiert mit einem leeren Brett, hatten wir die Aufgabe, den besten Zug für Schwarz zu finden. Wir denken nie darüber nach, wie merkwürdig diese vertraute Situation ist, den ersten Zug zu machen.

Den ersten Stein zu setzen, ist ein vollkommener Akt der Schöpfung, der erste Moment im Leben einer Partie, und es handelt sich dabei um eine wirkliche Schöpfung aus dem Nichts. So etwas gibt es in unserem Leben nicht. Unser Bewusstsein setzt ein, während wir bereits tief in Handlungsabläufe verwoben sind, die auf vielerlei Ebenen unseren Möglichkeiten Grenzen setzen.

Wir kommen nicht dazu, den ersten Zug zu machen, der die grundlegende Form der Welt bestimmen wird, in der wir leben werden. Deshalb spricht Heidegger davon, dass wir in die Welt „geworfen" sind. Wenn wir die Umstände betrachten, in denen wir uns befinden, so würden wir uns oftmals wünschen, an einem leeren Brett zu sitzen und den ersten Zug auf eine derartige, wirklich freie Art machen zu können – ohne Karma. Außerhalb von Go jedoch ist so ein Zug nur möglich, wenn man ins Nirvana eingegangen ist.

American Go Journal XXXI, 2 (Frühjahr 1997), 38-39

Dogen über Go

In den Schriften Dogens, der im 13. Jahrhundert die Soto-Zen-Tradition in Japan begründete, diesen expliziten Verweis auf das Go-Spielen zu entdecken, war sehr aufregend. Ich machte die Entdeckung im Sommer 1997 während eines Seminars über Buddhismus an der Universität von Ohio, einem speziellen Kurs für Lehrer an Colleges, gefördert vom National Endowment for the Humanities. Ich arbeitete damals an einem Artikel über Go und buddhistische Philosophie, den ich hoffte, in einer akademischen Zeitschrift veröffentlichen zu können, und dieses Zitat war dabei sehr hilfreich. Der Artikel wurde angenommen von The Eastern Buddhist, *einer von der Universität Kyoto in Japan herausgegebenen Zeitschrift; siehe Anhang 2. Ich bin ein wenig auf die Suche gegangen, habe aber nie einen weiteren Verweis auf Go in den Schriften der alten Zen-Meister gefunden. Sollte einer der Leser dieses Buchs einen solchen kennen, würde ich mich sehr freuen, davon zu erfahren. Man kann mir einfach über den Verlag schreiben.*

Es deutet vieles darauf hin, dass die alten chinesischen und japanischen Zen-Meister einen Zusammenhang zwischen dem Go-Spielen und der Erfahrung der Erleuchtung sahen. Die Schriften des japanischen Zen-Meisters Dogen aus dem dreizehnten Jahrhundert enthalten hierfür ein eindeutiges Beispiel. In seinem Aufsatz „Frühling und Herbst" aus dem Jahr 1244 macht Dogen einige überraschende Aussagen zum Go-Spiel.

In diesem Aufsatz spricht Dogen über ein Koan Dongshans, eines chinesischen Zen-Meisters des neunten Jahrhunderts. Ein Mönch fragt Dongshan, wie man es vermeiden könne, dass einem kalt oder heiß sei, und Dongshan antwortet, indem man dort hingehe, wo es keine Kälte und keine Hitze gebe. Das Problem besteht darin, zu verstehen, wo das sein könnte.

Dogen beginnt seine Erklärung mit einem Zitat von Hongzhi, einem chinesischen Zen-Meister des zwölften Jahrhunderts, der sagte: „Das ist so, wie wenn zwei Menschen eine Partie *Go* spielen. Wenn du auf meinen Zug nicht antwortest, werde ich deinen Stein gefangen nehmen. Wenn ihr dies versteht, könnt ihr Dongshans Worte verstehen."

Zur Erläuterung von Hongzhis Bemerkung kommentiert Dogen: „Nimm an, wir haben hier eine Go-Partie; wer sind die zwei Spieler? Wenn du antwortest, dass du und ich Go spielen, dann wird es so sein, als hättest du eine Vorgabe von acht Steinen, und wenn du eine Vorgabe von acht Steinen hast, dann ist es kein Spiel mehr. Was meine ich damit? Wenn du meine Frage ‚Wer sind die zwei Spieler?' beantwortest, dann so: ‚Man spielt Go mit sich selbst; die Gegner werden eins.' Nachdem du auf diese Weise deinen Geist geradegerückt und deinen Körper in diese Richtung gewendet hast, solltest du Hongzhis Worte in Augenschein nehmen: ‚Wenn du meinen Zug nicht beantwortest.' Das bedeutet, ‚du' bist noch nicht ‚du'. Auch die Worte ‚Ich werde dich gefangen nehmen.' solltest du nicht außer Acht lassen. Schlamm innerhalb von Schlamm. Ein Juwel innerhalb eines Juwels. Beleuchte andere, beleuchte das Selbst."

Hier haben wir ein eindrucksvolles Beispiel für die Verwendung von Go zur Erklärung der Erleuchtung durch die alten Zen-Meister. Dogen spricht von der Erfahrung der Erleuchtung als „Befreiung von Körper und Geist", das bedeutet, dass man sich von der Wahrnehmung löst, ein von der Welt und von anderen getrenntes und letztendlich verschiedenes Wesen zu sein. Er und Hongzhi behaupten, dass Go zu spielen diese Erfahrung der Nicht-Getrenntheit mit sich bringe.

Wenn Dogen sagt „Die Gegner sind eins", dann mag man zunächst denken, er beziehe sich lediglich auf die Gemeinsamkeit in jeder gemeinschaftlichen Erfahrung, also die Art der Teilhabe, die jede Tätigkeit prägt, die die Beteiligung eines anderen erfordert, von Krieg bis Sex.

Wenn wir auf gewöhnliche Weise etwas gemeinsam tun, dann überwinden wir in einem gewissen Sinne unsere Verschiedenheit, indem wir ein gemeinsames Produkt oder eine gemeinsame Erfahrung schaffen, und knüpfen zwischen uns ein Band, eine einzelnes Ding, das „wir" sind. Bei den meisten gemeinsamen Erfahrungen bleibt jedoch unsere Getrenntheit dennoch bestehen, oft dadurch, dass wir abweichende oder unvereinbare Ziele haben, wie etwa den Sieg, der von den Gegnern in einer Schlacht nicht geteilt werden kann, oder meinem Vergnügen, das nicht deines ist. Hongzhi und Dogen behaupten, Go sei anders; hier wird die Getrenntheit der Spieler vollständig überwunden – „Man spielt Go mit sich selbst. Schlamm innerhalb von Schlamm; ein Juwel innerhalb eines Juwels."

Wird diese Art von Nicht-Getrenntheit erreicht, dann gibt es kein Ziel, das jenseits der Tätigkeit des Spielens liegt, und die Spieler hegen keine Hintergedanken. Das einzige Ziel ist es, zu spielen, und beide Spieler geben sich vollständig den Formen und Möglichkeiten der Steine hin. (Dogens Folgerung, dass dies in einer Partie mit einer hohen Vorgabe nicht möglich ist, widerspiegelt vermutlich die Tatsache, dass eine Trennung wie die in Lehrer und Schüler in solchen Fällen unvermeidlich erscheint.)

Dogen scheint es für selbstverständlich zu erachten, dass es normal ist, beim Go-Spielen eine umfassende Teilhabe an einem dynamischen Prozess zu erfahren, in dem Unterscheidungen zwischen einem selbst und dem anderen Spieler sowie zwischen einem selbst und dem Prozess des Spielens als Verzerrungen einer fundamentalen Einheit erkannt werden. Diese Art der Tätigkeit, in der Nicht-Getrenntheit verwirklicht wird, wird als grundlegend positiv und befreiend erfahren – ganz wie die Erfahrung der Erleuchtung.

Für Dogen geht es nicht darum, sich in dieser Art von Tätigkeit zu verlieren, sondern dass man sich von der Täuschung löst, dass das eigene Selbst tatsächlich ein einzelnes, individuelles Wesen in der Welt ist. Beim Go-Spielen findet man demnach sein „wahres" Selbst, indem man „sich von Körper und Geist befreit". Man löst sich vom falschen „Ich" und verwirklicht das wahre „Ich", das sich vom anderen Spieler oder vom Spiel nicht trennen lässt.

Dogen würde sagen, dass viele von uns das Go-Spielen oft deshalb nicht so erleben, weil wir Bindungen an Dinge pflegen, die von uns erfordern, von anderen Spielern und vom Prozess getrennt zu bleiben – Dinge wie zu gewinnen, oder unseren Rang zu verbessern. Damit „mein" Gewinnen oder „mein" Rang wichtig wird, muss ich ein einzelnes und unabhängiges Individuum sein. Dennoch lösen sich die meisten von uns manchmal von dieser Täuschung und bekommen zumindest für einen Augenblick eine Ahnung von der Befreiung von Körper und Geist, die die Verwirklichung der Erleuchtung bedeutet. Wenn wir also neugierig sind, was das Nirvana ist, so beherzigen wir das nächste Mal, wenn wir eine Partie beginnen, Dogens Rat, und spielen einfach, ohne zu versuchen, irgendetwas anderes zu tun. Lassen wir uns vom Spiel „gefangen nehmen".

American Go Journal XXXI, 4 (Herbst 1997)

Die Kunst des Go-Spielens

Ende 1997 wurde Roy Laird Präsident der American Go Association, und Chris Garlock löste ihn als Herausgeber ihrer Zeitschrift ab. Chris schlug mir vor, den Kreis der Themen dieser Kolumne zu erweitern, und hier tue ich dies zum ersten Mal. Mir gefällt die Herausforderung, die dieser breitere Blickwinkel stellt. Meist geht es immer noch um buddhistische Themen, nur manchmal nicht so offensichtlich. Jedenfalls werden die nächsten Texte in philosophischer Hinsicht ziemlich anspruchsvoll. Chris dachte auch, mein Stil könne verbessert werden, und der günstige Einfluß seines Rats ist klar zu sehen. An den ersten Artikeln unter seiner Herausgeberschaft hat er noch viel geändert, aber das wurde immer weniger notwendig.

Go ist eine Kunst, und zwar aus denselben Gründen, aus denen auch die Kriegsführung und die Lehrtätigkeit Künste sind.

Kriegsführung, Lehrtätigkeit und Go sind nicht streng regelgebundene Aktivitäten: Ihre Komplexität und ihr Variantenreichtum erfordern Anpassungsfähigkeit und Erfindungsgabe. Krieger, Lehrer und Go-Spieler müssen eine „künstlerische" Sensibilität dafür entwickeln, was in unbekannten Situationen weiterhelfen könnte und ein Verständnis dafür, dass etwas, das in einem Fall erfolgversprechend ist, in einem anderen Fall ins Desaster führen kann. Wenn sich zwei Situationen niemals genau gleichen und man gedankenlos Regeln folgt, nimmt man sich dadurch den Vorteil, den neue und unerwartete Gelegenheiten bieten.

Die künstlerische Natur des Go-Spielens offenbart sich auch darin, dass man dafür eine Auffassungsgabe benötigt, die eher ästhetisch als analytisch ist.

Eine Zugfolge berechnen zu können und einen Schnitt oder ein Atari zu sehen ist eine Fertigkeit analytischer Wahrnehmung, die unverzichtbar für erfolgreiches Spiel ist. Allerdings ist die Fähigkeit, „gute Form" oder die richtige Platzierung eines Reduktionssteines zu erkennen, noch wichtiger. Hier kann man nicht einfach die Antwort „auslesen": Man muss ein Gefühl entwickeln, das vergleichbar ist mit der Befähigung des Künstlers, Formen in einem Gemälde anzuordnen oder Worte für ein Gedicht zu wählen. Ein Regelwerk, das gute Ergebnisse in solchen Dingen garantieren würde, kann nicht geschaffen werden.

Wenn Go also eine Kunst ist, welcher der anderen Künste ähnelt es dann am ehesten?

Betrachten wir die Kunst der Malerei. Eine beendete Partie ist wie ein fertiges Gemälde: die schwarz-weißen Muster bilden eine Art abstraktes Kunstwerk, an dessen ästhetischer Eigenart man sich erfreuen kann. Jedoch stellt dieser Vergleich eher das Ergebnis des Spiels als dessen Verlauf in den Vordergrund, doch eigentlich ist der Verlauf das, worum es beim Go geht. Es macht immer Spaß zu gewinnen, aber woran Go-Spieler wirklich Gefallen finden, ist das Spielen des Spiels, das Handeln in dessen Verlauf.

Wir könnten uns Go als eine Art Dichtkunst denken, ähnlich der traditionellen japanischen Gedichtgattung, in der eine Person einen Vers schreibt, und dann ein Partner eine Fortsetzung, die das ursprüngliche Thema weiterentwickelt. Eine Go-Partie kann als eine Art poetisches Arrangement von Steinen auf dem Brett betrachtet werden, und die Antwort des Partners als eine Variation von Themen, die durch frühere Züge angelegt wurden. Dieses Bild greift die Konzepte von Dialog und Gleichgewicht auf, die im Go wichtig sind, ebenso die Möglichkeit vielfältiger Entwicklungen, es betont den Vorgang des Spielens. Trotzdem: Der Vergleich eines Go-Zugs mit einem Stückchen Sprache geht wohl etwas zu weit.

Vielleicht wäre die Tanzkunst eine bessere Parallele. Der *Pas de deux* des Modern Dance ist ein intimer wechselseitiger Prozess, an dem zwei Personen beteiligt sind, die sich manchmal relativ unabhängig voneinander bewegen, dann wieder enger verbunden. Hier liegt die Betonung auf dem Prozess: Es geht darum, den Vorgang zu genießen, nicht darum, ihn abzuschließen.

Die Analogie zwischen Go und Tanz leidet allerdings unter dem Mangel an Variation und Improvisation bei den meisten Tänzen. In Choreografien steckt zwar sehr wohl enorme Kreativität und Innovation – nachdem aber ein Tanz konzipiert ist, wird immer wieder die gleiche komplexe Abfolge von Formen aufgeführt. Und obgleich sowohl Publikum als auch Tänzer sich an einem bestimmten Tanzstück erfreuen, dient Go-Spielern das Nachspielen früherer Partien vor allem deren Studium. Als zentrale Erscheinungsform ihrer Kunst würden sie es sicher nicht akzeptieren.

Dem Go-Spiel am nächsten verwandt unter den Künsten ist die Musik, besonders der Jazz.

Bei der Musik geht es offensichtlich um den Prozess, nicht um das Ergebnis; und beim Jazz finden wir die schöpferischen Variationen in der Ausführung, die auch das Go-Spiel charakterisieren. Obwohl ein Arrangement wiederholt werden kann, macht das Wesen des Jazz die Improvisation aus. Darüber hinaus erschaffen die Spieler im Austausch etwas, was sie alleine nicht könnten. Ihr Spiel ist sowohl ihre eigene Erfindung als auch die Antwort auf das Spiel des anderen.

Jazz lotet melodische Möglichkeiten in einer Weise aus, die der Suche nach effizienten Steinformationen zur Eroberung von Gebiet im Go-Spiel gleicht. Und wenn es mit dem Spielen gut läuft, finden sich die Spieler in beiden Fällen in einem kreativen Prozess wieder, in dem sie eher gemeinsam Schaffende als rivalisierende Gegner sind. Bei beiden Tätigkeiten werfen die Spieler einander Aufgaben und Angebote zu, und ein Publikum kann in beiden Fällen in gleichem Maß davon gefesselt sein, wohin die Entwicklung als nächstes geht.

Also sollten wir Go vielleicht als eine Art Jazz verstehen, nicht mit Musikinstrumenten, sondern mit Steinen gespielt. Oder ist Jazz eine Art Go, nicht mit Steinen gespielt, sondern mit Musikinstrumenten?

American Go Journal XXXII, 1 (Frühjahr 1998), 14

Was ist ein Go-Stein?

Ich gebe zu, beim Schreiben dieses Aufsatzes hatte ich viel Spaß. Hin und wieder fällt mir der eine oder andere Gedanke zu, den ich wirklich amüsant finde. Als ich einen Satz wie „Menschen sind Go-Steinen überraschend ähnlich" seelenruhig hinschreiben durfte, war das einer dieser Momente. Wie man sieht, werden die Texte auch kürzer – eine weitere Verbesserung, die von Garlock angeregt wurde.

Seit der Zeit, als Sokrates das Beschämen der Leichtfertigen zu einer Kunst machte, wissen Philosophen, dass man bei Fragen wie „Was ist Gerechtigkeit?" auf der Hut sein muss. Bei aller anfänglichen Zuversicht, mit der die Leute oft Sokrates' Fragen beantworteten: Schnell wurde klar, dass keine ihrer Antworten seiner Prüfung standhalten konnte.

Dass diese Antworten unzulänglich waren, lag nicht einfach an Dummheit oder Gedankenlosigkeit. Fragen der Form „Was ist X?", wobei X für irgendetwas Alltägliches steht, sind oft überraschend schwer zufriedenstellend zu beantworten. Die Welt ist rätselvoller, als wir für gewöhnlich bemerken, und Dinge lassen sich nicht leicht exakt beschreiben. Das gilt sogar für den Fall der scheinbar so einfachen Frage „Was ist ein Go-Stein?"

Auf diese Frage allerdings gibt es eine gute Antwort, und das Nachdenken über diese Antwort wird es uns ermöglichen, eine bessere Antwort auf eine andere, schwierigere Frage zu finden: „Was ist der Mensch?" Denn obwohl wir ohne weiteres in der Lage sind, in der Welt einen Menschen oder einen Go-Stein als solchen zu erkennen und mit ihm entsprechend umzugehen, fällt es uns doch schwer, zu sagen, was ein solcher eigentlich ist. In der Tat sind Menschen Go-Steinen überraschend ähnlich.

Philosophen erörtern die Frage „Was ist der Mensch?" seit Jahrtausenden. Man könnte sogar behaupten, die traditionelle buddhistische Lehre des Nicht-Selbst lege nahe, dass die Antwort auf diese Frage sei, der Mensch sei überhaupt nichts; anders gesagt: es gebe nichts derartiges. Vielleicht würden Buddhisten dann entsprechend sagen, dass

Go-Steine auch nicht existierten! In der Tat wäre das genau das, was ein buddhistischer Philosoph sagen würde. Aber steigen wir in unsere Untersuchung an einer zugänglicheren Stelle ein.

Also, „Was ist ein Go-Stein?“ Wenn die Person, die da fragt, es wirklich nicht weiß, dann sind wir versucht, einfach einen aus der Schale zu nehmen und ihr hinzuhalten. Das würde jedoch unterstellen, dass es sich bei einem Go-Stein um einen linsenförmigen Stein aus Glas oder einem anderen Material handelt, der entweder weiß oder schwarz ist. Nun, in einem gewissen Sinn stimmt das natürlich, aber es ist keine zufriedenstellende Antwort. Genauso gut könnte man sagen, der Mensch sei ein Klumpen biologischen Materials in einer bestimmten allgemeinen Form. Das stimmt, ist aber eindeutig unzureichend.

Der entscheidende Gedanke liegt im Verständnis, dass es einen Sinn gibt, in dem ein Go-Stein wirklich nichts ist – nämlich bevor er in einem Spiel aufs Brett gesetzt wird. Dann wird er zu etwas Einzigartigem, obgleich Vergänglichem, zu einem Teil des komplexen Ablaufs eines konkreten Spiels. Bevor er gespielt wird, hat er als Go-Stein nur eine Art potentielles Dasein – sein tatsächliches ist das eines linsenförmigen Glassteins.

Ein Go-Stein ist also etwas, das Teil eines Spiels sein kann, aber die Rollen, die er dabei spielen kann, sind recht unterschiedlich. Er kann schneiden oder verbinden, sichern oder fangen, springen oder zum Rand strecken. Während er darauf wartet, gespielt zu werden, bevor er tatsächlich eines dieser verschiedenen Dinge tut, existiert er vor allem als Potential, etwas zu tun, das er aktuell nicht tut.

In einem gewissen Sinn also ist er als Go-Stein gar nichts, außer im Moment der Aktivität, wenn er zu einem bestimmten, konkreten Teil eines bestimmten, konkreten Ablaufs wird. Wenn der interaktive Prozess endet, kehren die Steine zu einem Zustand bloßer Potentialität zurück. Das ist der Grund, weshalb ein buddhistischer Philosoph sagen würde, dass ein Go-Stein als solcher nichts ist – außer der Möglichkeit, einige verschiedene Dinge zu werden. Go-Steine sind das, was es uns ermöglicht, die dynamischen, vergänglichen Strukturen, aus denen ein Go-Spiel besteht, ins Materielle umzusetzen. Abgesehen von ihrer Teilnahme an so einem Vorgang sind sie eigentlich gar nichts. Dieser Glasstein ist nur ein Glasstein, er wird erst zu einem Go-Stein, wenn er aufs Brett gelangt. Wenn wir ihn spielen, erhält er tatsächliches, wenn auch bedingtes und vorübergehendes, Dasein.

Die Analogie zu Menschen ist nicht schwer zu ziehen. Auch Menschen sind nichts, wenn man von ihrer Teilnahme an bestimmten Interaktionsprozessen absieht. Auf gewisse verschiedene Arten und Weisen erlauben wir den konkreten Beziehungen, aus denen die menschliche Gemeinschaft besteht, tatsächlich zu werden. Abgesehen von bestimmten, tatsächlichen gemeinschaftlichen Beziehungen, existieren wir nur als ihr Potential. Genau das besagt die buddhistische Lehre des Nicht-Selbst.

Ein Go-Stein in der Schale ist demnach wie ein Mensch im Mutterleib, der auf seine Chance wartet, das Spiel zu spielen.

American Go Journal XXXII, 2 (Sommer 1998), 9

Gutes Timing

„Zeit“ ist einer dieser Alltagsbegriffe, die wir umso merkwürdiger finden, je mehr wir über sie nachdenken. Für meine Studenten habe ich mir einmal ein Koan *ausgedacht: „Welche Uhrzeit haben wir auf dem Mond?“ Die meisten kamen nicht darauf. (Die Uhrzeit ist keine „objektive“ Realität, sondern ein menschliches Konstrukt. Wo Menschen sie nicht konstruiert haben, gibt es sie nicht. Es gibt gar keine Uhrzeit auf dem Mond.) Am meisten Verwirrung herrscht darüber, wie die Vergangenheit und die Zukunft mit der Gegenwart zusammenhängen. Die im Artikel erwähnten Uhren werden der American Go Association in großen Mengen von der Ing Foundation in Taiwan gespendet und sind auf Turnieren allgegenwärtig. Sie werden mit einem Stimm-Modul geliefert, das die Zeit ansagt, die jeder Spieler übrig hat, auf chinesisch oder auf englisch – eine Funktion, die manchmal nervt und die man nicht abschalten kann.*

Zen-Meister legen uns oft ans Herz, im gegenwärtigen Moment zu leben. Aber was zählt als gegenwärtiger Moment? Wie lange dauert er? Sollen wir die Vergangenheit und die Zukunft außer Acht lassen? Eine Reaktion auf die Aufforderung, im gegenwärtigen Moment zu leben, fällt uns schwer, weil uns ein klares Verständnis der Natur der Zeit fehlt.

Philosophen reden über die Zeit schon fast seit deren Anbeginn, und manche Philosophen – wie aktuell auch einige Physiker – behaupten, die Zeit sei eigentlich gar nicht real! Vielleicht würden sie sie besser verstehen, wenn sie Go spielen würden, denn im Go spielt die Zeit eine aufschlussreiche Rolle.

Auf den ersten Blick scheint Zeit sehr viel mit Uhren zu tun zu haben. Eine Uhr misst unsere Zeit in einem Turnier – wenn es eine Ing-Uhr ist, sagt sie sie uns an – und wir können uns viel Zeit nehmen und langsam spielen, oder wenig Zeit und schnell spielen. Als Aristoteles sagte, Zeit sei das Maß der Bewegung, bezog er sich auf diese Art von Zeit, aber das ist nicht die Art von Zeit, die im Go wirklich wichtig ist.

Wir beziehen uns auf eine bedeutungsvollere Form von Zeit, wenn wir von „gutem Timing" sprechen, also von einem Zug, der in einer Partie zum richtigen Zeitpunkt gemacht wird, oder davon, „keine Zeit zu haben" um eine gute Gelegenheit zu nutzen, weil andere Situationen dringender sind. Diese Zeit eilt nicht vorbei; sie vergeht nicht langsam oder schnell. Es macht keinen Sinn, zu sagen, wir hätten viel oder wenig davon. Dies ist die Art von Zeit, die im Go wichtig ist – und im Leben.

Der richtige „Zeitpunkt" für einen Zug hat nichts zu tun mit der Zeit auf der Uhr. Ein typisches Beispiel für gutes Timing ist, wenn ein Zug an einem bestimmten Punkt in der Entwicklung einer Partie lokal beantwortet wird, später jedoch ignoriert werden könnte. Die Umstände können sich so ändern, dass dann klarerweise die Zeit ist, etwas anderes zu tun, als zu antworten. Was für eine Art Zeit ist das?

Sie wird nicht von einer Uhr gemessen, bezieht aber die Vergangenheit und die Zukunft mit ein. Die grundlegende Art der Gegebenheit von Vergangenheit und Zukunft hat nichts mit dem zu tun, was eine Uhr misst. Vergangenheit und Zukunft sind in der Tat Teil der Gegenwart, und auch die ist nichts, was man mit Uhren misst. Die Strukturen, die sich an jedem Punkt der Partie entwickelt haben, sind die Vergangenheit, und die in dieser Situation gegebenen Möglichkeiten sind die Zukunft. Beide zusammen bilden die Gegenwart. Vergangenheit und Zukunft richtig, also in diesem Sinne, zu verstehen, ist das Wesen von gutem Timing.

Wenn wir darüber nachdenken, was die Uhr misst, dann stellen wir uns die Vergangenheit als das vor, was nicht mehr Gegenwart ist, und die Zukunft als das, was noch nicht Gegenwart ist. Aber abgesehen davon, dass dabei von der Gegenwart wohl fast nichts mehr übrig bleibt, wenn überhaupt, lässt diese Sichtweise offenbar die Art der Wirkung von Vergangenheit und Zukunft außer Acht – in unserem gegenwärtigen Leben, wie auch beim Go-Spielen.

Was der Vergangenheit Bedeutung verleiht ist die Art und Weise, in der sie den Rahmen fürs gegenwärtige Handeln steckt. Die Vergangenheit ist also, in ihrem wichtigsten Sinn, Teil des gegenwärtigen Augenblicks. Und auch das Wichtige an der Zukunft ist das Potential in der gegenwärtigen Situation, und nicht die Folgen, die noch nicht eingetreten sind. Es erscheint zunächst seltsam, dass die Vergangenheit und die Zukunft Teil der Gegenwart sind, aber genau das wird deutlich im Konzept des guten Timings beim Go, weil es bei gutem

Timing darum geht, auf die Strukturen, die sich entwickelt haben, und auf das Potential, das in ihnen steckt, einzugehen.

Was die Uhr misst, kann wichtig sein, aber es fällt auf, dass es ungewöhnlich ist, eine Partie aufgrund dieser Art von Zeit zu verlieren. Die Zeit, um die es bei gutem Timing geht, zu verstehen, ist jedoch für erfolgreiches Go wesentlich.

Es mag durchaus sein, dass auf seltsame Art und Weise die Zeit, die die Uhr misst, nicht wirklich existiert, weil sie immer entweder schon vorbei ist, oder noch nicht da. Aber die Art von Zeit, bei der es bei gutem Timing geht, ist die Gegenwart. Dieser gegenwärtige Augenblick, der sich aus dem Erbe der Vergangenheit und den Chancen der Zukunft ergibt, macht den grundlegenden Inhalt unseres Lebens wie auch unserer Partien aus. Der gegenwärtige Augenblick ist in diesem Sinne der einzige Ort, an dem wir tatsächlich existieren können.

American Go Journal XXXII, 2 (Herbst 1998), 14

DAS LEERE BRETT 13

Die Dialektik des Go

In diesem Artikel findet sich ein neuer Weg, einige Aussagen zu treffen, die bereits zuvor in verschiedenen Zusammenhängen vorkamen. Von diesen Artikeln sind damals etwa einer alle drei Monate erschienen, und ich hoffte, dass diese Art von variierter Wiederholung den Lesern hilft, ein besseres Verständnis von Ideen zu erlangen, die vielleicht ungewohnt sind und zunächst etwas sonderbar anmuten. Außerdem glaube ich, dass von Produktivität besessen zu sein eines der großen Probleme der amerikanischen Kultur ist, daher kann das Thema wiederholtes Anschneiden verkraften. Es gibt eine ganz bestimmte, komplexe, aber einheitliche Sichtweise auf das Spiel, die ich in diesen Artikeln zu vermitteln versuche. Sie aus verschiedenen Richtungen anzugehen mag dabei helfen, über sie in ihrer Gänze Klarheit zu schaffen.

Wir können zwei Arten des Schließens unterscheiden, diskursives und dialektisches. Diskursives Schließen beginnt mit Aussagen, die als wahr angenommen werden, und findet heraus, was aus diesen folgt. Es prüft selten die Ausgangsannahmen, und sucht nach abschließenden Antworten, die nicht erneut überprüft werden müssen.

Diese Art linearen Schließens erlangte Berühmtheit durch Descartes. Es beginnt an einer Stelle und bewegt sich stetig vorwärts, ohne eine Rückkehr an den Anfang in Betracht zu ziehen. Wir neigen dazu, diese Art des Denkens zu unserer Standardmethode für die Behandlung aller Themen zu machen, aber es passt nicht gut zum Go-Spiel.

Beim Go-Spielen überprüfen wir unsere Annahmen darüber, wie wir spielen sollen, ständig neu. Sogar Standard-Josekis werden laufend revidiert. Niemand erwartet, eine unwiderlegbare Spielweise zu finden. Schließen ist beim Go auffallend nicht-linear, durchläuft immer wieder die Grundlagen, unter ständiger Revision und Neubewertung. Es ist, mit einem Wort, dialektisch.

Dialektisches Schließen ist eher typisch für das östliche Denken, vor allem im Buddhismus, aber es ist im Westen nicht unbekannt. Der deutsche Philosoph der Moderne Martin Heidegger ist ein hervorragendes Beispiel. Auch die sokratische Technik, naive Annahmen kritisch zu untersuchen, ist dialektisch.

Dialektisches Schließen ist sich nicht darüber sicher, was die Fragen sind, es anerkennt, dass Annahmen ständig neu überprüft werden müssen, und es ist nicht auf der Suche nach einem Ende des Verfahrens – nur nach einer allmählichen Erweiterung der Erkenntnis. Es ist reflektierend und zeitaufwändig, und ein typisches Go-Studium ist dafür ein gutes Beispiel.

Veranschaulichen wir uns das anhand einer scheinbar unstrittigen Behauptung: Beim Go zu gewinnen ist eine gute Sache. Jeder reagiert positiv, wenn er eine Partie gewinnt. Niemand will verlieren. Es ist klar, dass es gut ist, zu gewinnen.

Hier ist ein Beispiel für diskursives Schließen zu diesem Thema: Beim Go zu gewinnen ist gut, daher ist das Gegenteil, zu verlieren, schlecht. Es ist besser, Gutes zu haben als Schlechtes, also möchte ich so oft wie möglich gewinnen. Das Vorgabesystem ist also ein Ärgernis und ich sollte meinen Rang zu niedrig angeben, damit ich öfter gewinnen kann. (Vielleicht denken einige der Leute so, die im Internet ihren Rang zu niedrig angeben.)

Hier wäre dialektisches Schließen, angewandt auf dasselbe Beispiel: Beim Go zu gewinnen ist gut. Gewinnen ist aber auch schlecht. Man lernt mehr, wenn man verliert, und zu gewinnen kann zu Häme und Arroganz verleiten. Vielleicht ist es also sowohl gut als auch schlecht, zu gewinnen, aber wenn es nicht uneingeschränkt gut ist, zu gewinnen, dann ist es möglicherweise nicht das, worum es beim Spielen eigentlich geht. Es könnte also sein, dass das Vorgabesystem unter anderem zum Ziel hat, uns bewusst zu machen, dass es beim Spielen nicht ums Gewinnen geht.

Also, warum spielen wir dann? Und ist es sowohl gut als auch schlecht, zu gewinnen, oder weder gut noch schlecht?

Wir können zwei Hauptgründe dafür unterscheiden, Dinge zu tun: um ein Produkt zu erwerben und um eine Tätigkeit auszuüben. Der erste ist der bekanntere. Wir alle neigen dazu, um Produktivität bemüht zu sein, Tätigkeiten in Hinblick auf Resultate zu betrachten. Bei unserer Arbeit ist das offensichtlich, aber wir neigen dazu, auch Freizeitaktivitäten mit dem Hinweis auf Ziele wie körperliche Fitness oder allgemeines Wohlbefinden zu rechtfertigen.

Diese Produktorientierung hat jedoch eine merkwürdige Konsequenz. Was macht das alles für einen Sinn? Wenn wir zur Schule gehen, um einen Abschluss zu machen, um einen Arbeitsplatz zu bekommen, um Geld zu verdienen, um ein Segelboot zu kaufen, um Segeln zu gehen, um ein Glücksgefühl zu erleben, bedeutet das, dass das letztendliche Ziel all unserer Tätigkeiten ein bestimmter psychischer Zustand ist? Wenn ja, warum bedienen wir uns dann nicht der modernen Chemie, dann wäre alles viel einfacher und wir müssten uns nicht um den Unterhalt des Boots kümmern?

Jedem ist klar, dass materielle Produkte nicht das letztendliche Ziel sein können, weil einfach nur Eigentümer zu sein einem menschlichen Leben nicht angemessen ist. Auch ein psychisches Produkt ist jedoch unbefriedigend. Menschliche Wesen sind nicht einfach nur Genussmaschinen. Der Mensch ist eine komplexe Verbindung von Fähigkeiten in der Welt zu handeln, und das Leben eines Menschen besteht aus nichts anderem als Tätigkeit, vorzugsweise Tätigkeit, die wichtige menschliche Fähigkeiten verwirklicht. Der zweite Grund dafür, Dinge zu tun, ist also der wichtige, nämlich eine Tätigkeit auszuüben – nicht um ein Produkt zu erhalten, sondern um lebendig zu sein.

Jetzt können wir den Grund dafür verstehen, Go zu spielen: um eine zutiefst menschliche Tätigkeit auszuüben, die sowohl den Geist als auch die Seele wie auch das soziale Miteinander einbezieht. Es gehört zu den Dingen, die uns lebendig machen, uns ein wirkliches Dasein in der Welt verschaffen. Aber wenn es beim Spielen ums Spielen geht, kann der Ausgang einer Partie nicht so wichtig sein. Wenn irgendetwas gut ist, dann ist es zu spielen, und gut zu spielen. Dank des Vorgabesystems kommen uns bei dieser Absicht Gewinnen und Verlieren nicht in die Quere. Jetzt verstehen wir, warum es eigentlich weder gut noch schlecht ist, zu gewinnen. Es ist nur ein Teil des Prozesses. Wenn irgendetwas gut ist, so ist es der Prozess.

American Go Journal XXXIII, 1 (Winter 1999), 8

Bindung und Distanz im Go

Ich war sehr unzufrieden mit der Behandlung des Themas Bindung in Das leere Brett Nr. 2, *also habe ich es hier noch einmal versucht. Ich glaube, diesmal läuft es besser, obwohl man natürlich noch viel mehr sagen könnte. Das Konzept der Bindung und die Frage, ob Dinge Wert an sich haben, betreffen den Kern buddhistischen Denkens. Bindung, vor allem an sich selbst, ist der Ursprung des Leids, das der Buddhismus zu mindern sucht. Dieser Aufsatz enthält nebenbei offensichtliche Parallelen zum Thema des Textes* Das leere Brett Nr. 5, *„Nicht-Handeln", der drei Jahre früher geschrieben wurde.*

Bindung (*attachment*) spielt eine wichtige Rolle im Go. An einen starken Stein anzulegen (*attaching*) ist eine nützliche Technik, um eine schwache Stellung zu entwickeln, und wir versuchen es zu vermeiden, an einen schwachen Stein anzulegen, weil es dadurch dem anderen Spieler leichter gemacht wird, den Stein zu stärken. Aber es gibt noch andere Arten der Bindung.

Bindungen romantischer Art betrachtet man meist als positiv und wünschenswert, im Buddhismus jedoch ist Bindung, weil Ursprung von Leiden, zu vermeiden. Sowohl im romantischen als auch im buddhistischen Sinn kann man auch im Go von „Bindung" sprechen. Mehr noch, eine Untersuchung dieser begrifflichen Anwendungen auf Go kann den buddhistischen Sinn von Bindung erhellen.

Jeder Go-Spieler ist dem Spiel verbunden (*attached*) in dem Sinn, dass er es sehr mag. Es ist allerdings nicht ungewöhnlich, dass man Anfänger eine Bindung zu ihren Steinen entwickeln sieht, die effektives Spiel behindert. Das ist dann der Fall, wenn sie versuchen, immer und überall ihre Steine zu retten. Erfahrene Spieler verstehen, dass es mehr bringt, ein paar Steine aufzugeben, als die Kosten dafür zu tragen, dass man sie rettet.

Es gehört also zu den Eigenschaften jener Art von Bindung, die man beim Go meiden sollte, dass sie wichtige Steine von unwichtigen nicht unterscheidet; sie verleiht bestimmten Steinen einen Wert, der ihnen nicht zukommt, und verkennt ihren wahren. Anfänger glauben, jeder

Stein habe Wert an sich und sollte also gerettet werden. Erfahrene Spieler sehen, dass der Wert eines Steins ganz von seinem Zusammenwirken mit anderen Steinen abhängt und von seinem Potential, das territoriale Gleichgewicht zu beeinflussen. Diese Art Wert verändert sich im Lauf einer Partie und das ist der Grund dafür, dass Go ein solch dynamischer Prozess ist. Die Bindung der Anfänger an ihre Steine verschleiert die grundsätzliche Natur des Spiels und die Möglichkeit, Gewinn zu erzielen durch Opfern und Tausch. Wir sagen also: „Binde dich nicht an deine Steine."

Das klingt nun schon nach Bindung im buddhistischen Sinn. Wenn man Dinge so behandelt, als hätten sie Wert an sich, bedeutet das, dass es sehr wichtig wird, ob man sie bekommt oder verliert, und so wird die ungewisse Natur dieser Welt zu einem Quell ständiger Unruhe, in der wir uns um unsere Gewinne und Verluste sorgen. Darum sagen Buddhisten: „Binde dich nicht – an gar nichts."

Bedeutet das, dass wir Distanz üben sollen zu unseren Steinen, oder gar zu allem? Distanz, das Gegenteil von Bindung, bedeutet normalerweise Gleichgültigkeit. Weil jedoch Gleichgültigkeit heißt, dass es einem egal ist, kann das kaum eine nützliche Haltung fürs Go-Spielen sein. Die Steine haben durchaus Wert, auch wenn dieser bedingt, wechselhaft und vergänglich ist. Eine gleichgültige Haltung hätte zur Folge, dass man nach dem Zufallsprinzip spielt, und warum sollte daran irgendjemand Interesse haben?

Zuweilen wird dies als Problem für die Buddhisten angesehen. Wenn wir uns nicht binden sollen, bedeutet das, dass es uns egal sein soll, was geschieht? Ist alles gleichgültig, so dass wir das Kind genausogut überfahren könnten, wie ihm ausweichen?

Im Rahmen einer Partie haben die Steine durchaus Wert, auch wenn dieser bedingt ist, sich ändert und am Ende des Spiels verflüchtigt. Aber wie sollen wir das nennen, das Sehen des wahren Werts der Steine? Es ist nicht Bindung, aber es ist auch nicht das Gegenteil von Bindung, also Distanz. Es ist ein Erkennen des Werts eines Steins, das auch die Bedingtheit und Flüchtigkeit dieses Werts sieht, und wie wandelbar er ist.

Das klingt nach einer positiven Einstellung in der Art, wie wir sie vielleicht bei einer romantischen Bindung erwarten. Sie bedeutet, sich zu interessieren und aufmerksam zu sein, Zuneigung zu empfinden und nichts für selbstverständlich zu nehmen. Ein positive Haltung der Liebe muss die geliebte Person nicht als etwas Ewiges behandeln.

Sie darf sich der Möglichkeit des Verlusts und der Zurückweisung bewusst sein, oder auch eines Wandels, nach dem man die geliebte Person nicht mehr lieben kann.

Die Haltung, die wir hier anstreben, ist weder die der Bindung, noch die der Distanz, der Nicht-Bindung – sondern sie ist eine Art ungebundener Bindung: Eine positive Würdigung, die den wahren Wert des Gegenstands erkennt und die Natur dieses Werts.

„Häng dich an nichts" bedeutet also nicht, dass es einem alles egal sein soll. Es bedeutet, die günstigen Möglichkeiten zu schätzen, ohne dabei zu denken, die Rettung oder der Verlust eines bestimmten Steins oder einer bestimmten Partie sei der Schlüssel dazu, Spaß am Go zu haben – ebensowenig wie etwa irgendein bestimmter Gewinn oder Verlust der Schlüssel zu Lebensqualität ist. Das ist der Grund dafür, dass ein erfahrener Spieler Freude am Spiel haben kann, ob er nun gewinnt oder verliert, und ein erfahrener Buddhist in gleicher Weise Freude am Leben. Es genügt, die Chance zu haben, das Spiel zu spielen.

American Go Journal XXXIII, 2 (Frühjahr 1999), 17

Das Go-Spiel: Ein unerwarteter Weg zur Erleuchtung

Eine gekürzte Fassung des Artikels, den ich 1997 in The Eastern Buddhist *veröffentlicht hatte, erschien in der Ausgabe vom Frühjahr 1999 der buddhistischen Zeitschrift* Tricycle. *Sie bietet einen Überblick über viele der Themen, die die Kolumne* Das leere Brett *durchziehen.*

Anders als bei allen anderen Texten in diesem Buch konnte ich hier nicht davon ausgehen, dass seine Leserschaft mit dem Go-Spiel vertraut war. Wie sich herausstellte, waren aber die Herausgeber von The Eastern Buddhist *an der Universität Kyoto Go-Spieler, wie sehr viele Erwachsene in Japan. Sie waren sehr angetan von diesem Artikel, und luden mich ein, auf eine Partie vorbeizukommen, wenn ich das nächste Mal nach Japan komme. [Die ungekürzte Fassung dieses Textes aus* The Eastern Buddhist *ist der Anhang 2.]*

In Japan gibt es eine Reihe traditioneller Praktiken, die als Hilfsmittel bei der Suche nach Erleuchtung verwendet werden. Darunter fallen unter anderem etwa die Kunst des Blumensteckens, des Bogenschießens, des Schwertkampfs, der Teezeremonie und des Karate. Neben ihrer Aufgabe, als Weg zur Erleuchtung zu dienen, können sie auch die buddhistische Sichtweise verdeutlichen. Eine bedeutende traditionelle Praktik in Japan, die seit Jahrhunderten mit dem Buddhismus in Verbindung gebracht wird und die traditionell als ein „Weg" oder *do* (*dao* im Chinesischen) bezeichnet wird, wurde von denen, die sich darum bemühen, den Buddhismus zu erläutern, bislang vernachlässigt. Es handelt sich um das Spiel, das im Westen „Go" genannt wird und in Japan unter dem Namen *igo* oder *kido* („der Weg des Go") bekannt ist. Es bietet einen nützlichen Weg, die grundlegenden Aspekte des Lebens, wie Buddhisten sie verstehen, darzustellen und zu erfahren.

Das Go-Spiel ist vor mindestens 4000 Jahren in China entstanden und wurde in der Tradition des alten China zu einer der vier Tätigkeiten gezählt, die man beherrschen musste, um als wirklich gebildet zu gelten – die anderen drei waren Kalligrafie, Musik und Malerei. Das Go-Spiel kam um das 7. Jahrhundert unserer Zeitrechnung nach Japan, vermutlich im Gepäck von buddhistischen Mönchen, die von der Ausbildung an chinesischen Klöstern zurückkehrten. Das Spiel ist also viel älter als der Buddhismus, allerdings wurde es von Buddhisten schnell als nützliches Mittel buddhistischer Praxis erkannt. Bis zum Ende des 19. Jahrhunderts waren in Japan die stärksten Spieler im Allgemeinen buddhistische Mönche. (Die älteste erhaltene Partieaufzeichnung in Japan wird traditionell Nichiren zugeschrieben, der im 13. Jahrhundert die Nichiren-Sekte des Buddhismus begründete.) Das Spiel diente oft dazu, die Tugenden der Überwindung der Furcht, der Gier und des Zorns unter den Samurai zu verbreiten, die von buddhistischen Mönchen im Go unterrichtet wurden. Sein Vermögen, aus seinen Spielern bessere Menschen zu machen, ist zum Teil der Grund dafür, dass Go nach wie vor in Japan, Korea und China weit verbreitet ist, wo Millionen von Menschen regelmäßig spielen. Auch die Beliebtheit von Go in Europa und Amerika spiegelt seine Neigung wider, humane Gesinnung zu fördern.

Go ist ein strategisches Brettspiel, so wie Schach, unterscheidet sich von Schach jedoch fundamental. Man spielt es mit schwarzen und weißen runden Spielfiguren, sogenannten „Steinen", auf einem annähernd quadratischen Gitternetz von in der Regel 19 mal 19 Linien. Die Steine, die auf diese Schnittpunkte gesetzt werden, nicht auf die Felder, werden während einer Partie nicht bewegt, können jedoch gefangen und vom Brett genommen werden. Das Spiel beginnt auf einem leeren Brett und die Spieler setzen abwechselnd Steine darauf, wobei der Spieler mit den schwarzen Steinen anfängt. Während des Ablaufs einer Partie ergeben sich auf dem Spielfeld Muster aus schwarzen und weißen Steinen.

Über Gewinn und Verlust entscheidet die Anzahl der unbesetzten Schnittpunkte, die man in der Lage ist, mit Steinen zu umschließen, die nicht gefangen werden können. Es besteht jedoch eindeutig die Auffassung, dass es nicht darum geht, Spiele zu gewinnen (wenn man das Spiel richtig spielt, dann verliert man etwa die Hälfte seiner Partien), sondern um das Erforschen der Möglichkeiten, die sich in den verschiedenen Steinformationen verbergen. Man strebt also danach, interessante Partien zu schaffen, und dies setzt voraus, dass man ein stärkerer Spieler wird, also ein größeres Spielverständnis erwirbt. Man kann sagen, dass die Spieler auf die Suche nach Erleuchtung gehen – was nicht nur intellektuelles Verständnis erfordert, sondern auch moralische Qualitäten, da Gier und Furcht die größten Hindernisse dafür darstellen, im Spiel besser zu werden. Ein Vorgabesystem wurde entwickelt, damit Spieler unterschiedlichen Könnens die gleichen Chancen erhalten, zu gewinnen oder zu verlieren: Der schwächere Spieler setzt eine entsprechende Anzahl Steine auf das Brett, bevor der stärkere Spieler einen Stein setzt und erhält dadurch einen Vorsprung. Die Anzahl der Vorgabesteine wird dadurch festgelegt, dass jeder Spieler einen Rang erhält, der auf vorangegangenen Spielergebnissen beruht und der sich jeweils ändert, wenn der Spieler stärker wird.

Dass es eine besondere Verbindung zwischen dem Go-Spiel und der Authentifizierung der Erleuchtung gibt, darauf deutet eine bemerkenswerte Passage in Dogen Zenjis *Shobogenzo* hin. In seinem Aufsatz *Shunju* (dt. „Frühling und Herbst“) aus dem Jahr 1244 verwendet Dogen einen Verweis auf Go, um seiner Leserschaft dabei zu helfen, ein berühmtes Koan der Tang-Dynastie in China zu verstehen. Ein Mönch fragt, wie man es vermeiden könne, dass einem kalt oder heiß sei. Meister Dongshan antwortet, er solle dort hingehen, wo es keine Kälte und keine Hitze gebe. Dogen bezieht sich auf verschiedene traditionelle Erklärungen dieser Antwort, die sie dergestalt interpretieren, dass sie eine philosophische Aussage über die Einheit mache, die jedweder Unterscheidung vorangehen müsse. Das heißt, dass der Unterscheidung zwischen kalt und heiß ein vereinigendes Konzept der Temperatur vorangehen müsse.

Dogen sagt, wir sollten stattdessen die Worte Hongzhis beherzigen, eines chinesischen Zen-Meisters des 12. Jahrhunderts, der sagte: „Das ist so, wie wenn du und ich eine Partie Go spielen. Wenn du auf meinen Zug nicht antwortest, werde ich deinen Stein gefangennehmen. Wenn ihr dies versteht, könnt ihr Dongshans Worte verstehen.“ Dogen offeriert dies als angemessene Erklärung von Dongshans Bemerkung, und fügt eine weitere Erklärung anhand seines eigenen Gedankens der „Befreiung von Körper und Geist“ (*Shinjin datsuraku*) hinzu und weist darauf hin, dass Go-Spieler eine tiefgreifende Überwindung des Gefühls der Getrenntheit voneinander und vom Spielablauf erfahren.

Das Verständnis von Go als Weg zur Erleuchtung setzt an vier grundlegenden buddhistischen Prinzipien an, die man üblicherweise durch folgende Sanskrit-Ausdrücke kennzeichnet: *sunyata* (Leere), *pratitya samutpada* (voneinander abhängiges gemeinsames Entstehen, or wechselseitige Abhängigkeit), *anitya* (Unbeständigkeit) und *anatman* (Nicht-Selbst). Jedes davon ist auf unmittelbare Weise im Go enthalten und das Spiel zu spielen erlaubt die Erfahrung, in einer

Welt zu sein, die sich von jener deutlich unterscheidet, in der im Westen die meisten gewöhnlich leben.

Im Gegensatz zu Spielen wie Schach sind beim Go zu Anfang keine Spielfiguren auf dem Brett. Dieser Sachverhalt vergrößert die Anzahl möglicher Züge enorm, da das Standardbrett 361 Schnittpunkte umfasst; die Anzahl möglicher Partien ist astronomisch.

Die Ausgangslage des Spiels veranschaulicht einen wichtigen Aspekt des Begriffs *sunyata*. Leere, sowohl im Buddhismus als auch in der Alltagssprache, bezieht sich nicht auf ein absolutes Nichtvorhandensein von Allem. Die frühere Übersetzung von *sunyata* als „Nichts" war also sehr irreführend. Leere bezieht sich auf die Abwesenheit von etwas, das man aus gewissen Gründen erwarten mag, so wie wir davon sprechen, dass ein Glas, das normalerweise dazu dient, Flüssigkeit aufzunehmen, leer ist, obgleich es voller Luft ist. Es soll nicht gesagt werden, dass es überhaupt nichts gibt, sondern dass das, was da ist, nicht unseren Erwartungen entspricht.

Die vom Buddhismus behauptete Leere ist der Leere im Go sehr ähnlich. Der buddhistische Standpunkt ist, dass Möglichkeit der Gegebenheit vorangeht. Es gibt keine ultimativen Grenzen für die Möglichkeiten des Daseins. Die Realität ist in einem absoluten Sinne offen – eine Tatsache, die viele Folgen für das Verständnis der Situation des Menschen hat.

Der Go-Spieler erkennt, dass die Abwesenheit einer absoluten, festen Struktur oder ultimativer Grenzen der Realität nicht die Katastrophe darstellt, die man vielleicht erwarten mag. Im Gegenteil, dadurch wird alles viel interessanter. Go ist erheblich komplexer als Schach, aufgrund seiner Unbestimmheit, das heißt, seiner Leere. Man lernt, die kreativen Möglichkeiten, die sich aus der relativen Abwesenheit vorherbestimmter Kräfteverhältnisse und fester Strukturen ergeben, in vollen Zügen zu genießen, anstatt frustriert von der Tatsache zu sein, dass dies bedeutet, dass es keine letzten Antworten darauf gibt, worin gutes Spiel besteht.

Im buddhistischen Sinne bezieht sich Leere auf die Tatsache, dass nichts selbstbestimmt ist und daher nichts ewig. Alles ist, was es ist, aufgrund seiner Beziehungen zu allem anderen, und weil nichts den Urgrund dieses riesigen Gefüges darstellt, unterliegt es konstantem Wandel. Auch die Prinzipien der Unbeständigkeit (*anitya*) und wechselseitigen Abhängigkeit (*pratitya samutpada*) sind gleichermaßen für das Go-Spiel grundlegend. Die offensichtlichste

Verkörperung der wechselseitigen Abhängigkeit im Go liegt in der Art und Weise, wie sich Gruppen von Steinen während des Spiels entwickeln, während die wechselhafte Bedeutsamkeit dieser Gruppen und der sie bildenden Steine ein klares Beispiel für Unbeständigkeit liefert.

Der Spielablauf wird dadurch gesteuert, das jeder Spieler versucht, mehr freie Schnittpunkte zu umgrenzen als der andere. Die Technik, um dies zu erreichen, besteht darin, Wände zu errichten, die Teile des Bretts abgrenzen, indem man Steine so nebeneinander setzt, dass sie solide Linien bilden. Da Steine gefangen werden können, wird dieser Vorgang sehr komplex, und im Verlauf der Entwicklung des Spiels verändert sich die Bedeutung von Steinen ständig. Für sich betrachtet, hat ein Stein fast keine Bedeutung. Die wirkliche Bedeutung eines Steins liegt in seinem Potential, mit anderen Steinen zu interagieren. Es ergibt sich aus seinen Beziehungen zu anderen Steinen, dass er in der Lage ist, Gebiet zu umgrenzen, oder die Fähigkeit von Steinen der anderen Farbe zu unterbinden, dies zu tun, und sogar Steine der anderen Farbe zu fangen. Die Spieler erfahren also, was es heißt, wenn man sagt, Dinge sind, was sie sind, aufgrund von *pratitya samutpada*, wechselseitiger Abhängigkeit. Darüberhinaus unterliegt die Bedeutsamkeit jedes Steins oder jeder Gruppe von Steinen der Möglichkeit drastischen Wandels. Ein Stein oder eine Gruppe von Steinen, die zum einen Zeitpunkt wichtig ist, kann infolge späterer Entwicklungen verzichtbar werden. Steine können sogar als Opfer eingesetzt werden, zum Zweck späteren Vorteils, und können als solches akzeptiert werden, oder auch nicht. Dass die Steine den Fügungen des Geschicks so ausgesetzt sind, macht die Spieler mit der Realität der Unbeständigkeit vertraut und erneut erkennen sie, dass dieser Umstand nicht Schrecken bedeutet, sondern die Spielerfahrung enorm bereichert.

Um diese Themen angehen zu können, müssen wir über das vorhin erwähnte vierte Prinzip *anatman* sprechen, die Lehre des Nicht-Selbst. Die Erkenntnis, dass es kein Selbst gibt, ist ein wesentlicher Schritt auf dem Weg zur Erleuchtung. Nicht-Buddhisten sind allerdings oft verwirrt darüber, was dies bedeutet. Eine Möglichkeit der Erklärung besteht darin, darauf hinzuweisen, was aus der Idee der wechselseitigen Abhängigkeit folgt. Da alles ist, was es ist, aufgrund seiner Beziehungen zu anderen Dingen, folgt daraus, dass ich als Individuum aus meinen Beziehungen zu anderen Menschen bestehe, zu Institutionen, Orten, Handlungen und so weiter. Es gibt keinen in sich selbst gründenden oder sich selbst begründenen inneren Kern des Individuums. Das eigene Leben ist ein vollkommen abhängiger Prozess.

Da mein Leben sich aus Beziehungen mit Anderen ergibt, ist die einzige Möglichkeit, mein Leben besser zu machen (ohne uns im Moment Gedanken darüber zu machen, was als besser gilt), dass ich das Leben der Anderen besser mache. Das bedeutet, das einzige Motiv, das ich für den Versuch haben könnte, das Leben Anderer schlechter zu machen, ist der Gedanke, dass ich dadurch mein Leben auf irgendeine Weise besser machen könnte – *pratitya samutpada* macht dies jedoch unmöglich. Dieser Gedanke spiegelt sich im Spiel wider: Es kann nicht gut sein, beim Go zu gewinnen, da es nicht schlecht ist, zu verlieren. Dies liegt daran, dass das Ziel, ein besseres Verständnis zu erlangen, effektiver dadurch erreicht wird, dass man verliert, als dass man gewinnt.

Diese Sicht auf die Natur menschlichen Daseins ist für das Go-Spiel wesentlich. Eine der auffallendsten Konsequenzen des Go-Spielens liegt in der Art und Weise, in der es zur Reduzierung eigensüchtigen Verhaltens führt, selbst bei jenen, die das Spiel lediglich deshalb spielen, weil es ihnen als Spiel gefällt. Das heißt, das Spiel führt eine Überwindung des Selbst auch bei jenen herbei, die sich ihrer gar nicht bemühen. Ein klarer Hinweis darauf ist die angenehme zwischenmenschliche Atmosphäre, die man durchweg in Go-Clubs und auf Turnieren findet. Die Spieler sind ganz allgemein wirklich solidarisch untereinander, freuen sich, wenn andere Erfolg haben, scheuen keine Mühen, schwächeren Spielern zu helfen, stärker zu werden und verhalten sich generell eher wie Freunde als wie Gegner. Dies kann natürlich auch in Gemeinschaften vorkommen, die andere Spiele spielen, im Fall von Go aber fördert der Charakter des Spiels dieses Verhalten direkt.

Die Motivation, die der buddhistischen Ablehnung der Existenz eines Daseins an sich zugrundliegt, liegt in der Verbindung zwischen der Vorstellung eines solchen Selbst und der Erfahrung des Leidens. Aus der Idee, dass das eigene Dasein letzten Endes unabhängig von Anderen sei, folgt, dass man sein Leben dadurch verbessern kann, dass man Dinge tut, die das eigene Dasein aufwerten, ohne Rücksicht auf die Auswirkungen auf Andere.

Diese Ansicht führt zu etwas, das Buddhisten „Bindung“ nennen, also zur Idee, dass es etwas gibt – materieller Wohlstand, Macht, Status, was auch immer (sogar Erleuchtung) –, das mein Leben besser machen wird, wenn ich seiner habhaft werden kann. Dies erzeugt jedoch lediglich Leiden. Man findet keine Ruhe, weil man es noch nicht hat, egal was es ist, oder man findet sie nicht, weil man fürchtet, es zu verlieren. Die einzige Lösung liegt darin, die Idee eines unabhängigen Selbst zu verwerfen und die Realität des eigenen wechselseitig abhängigen Daseins anzunehmen.

Dies drückt sich im Go-Spiel auf mehrerlei Art aus. In der japanischen Tradition beginnt man eine Partie immer damit, dass man dem anderen Spieler seine Wertschätzung für dessen Bereitschaft zu spielen ausdrückt, sowie die Erwartung, dass das eigene Verständnis von der Partie profitieren werde. Eine beliebte Metapher für Go im Japanischen ist das „Handgespräch" (*shudan*), da ein Gespräch ein interaktiver Prozess ist, an dem man vorrangig die Qualität des Prozesses schätzt, anstelle irgendwelcher Resultate für die einzelnen Teilnehmer.

Den effektivsten Weg, die Bindung von Spielern ans Selbst zu schwächen, stellt das Vorgabesystem dar, das integraler Bestandteil des Spiels ist. Gewinnt man mehr als etwa sechzig Prozent seiner Partien, so gelangt man automatisch auf die nächsthöhere Stufe des Rangsystems, wodurch sich die Vorgabe ändert, die man in Partien gibt oder erhält. Das heißt, man erwartet etwa die Hälfte seiner Partien zu verlieren, so dass man schon aus diesem Grund dazu angehalten ist, sich nicht ans Gewinnen zu binden. Der Charakter des Spiels bestärkt Spieler also darin, Bindung ans Stärkerwerden genauso aufzugeben wie ans Gewinnen und sich stattdessen darauf zu konzentrieren, das Spiel auf der Stufe zu genießen, auf der sie spielen können. Da die Leere des Go einen daran hindert, einen Sieg erzwingen zu können, lernen die Spieler, sich beim Urteilen über gut und schlecht sehr zurückzuhalten. In Empfehlungen an schwächere Spieler hört man, ein bestimmter Zug sei „heutzutage üblich" anstelle von „gut", oder eine Spielweise sei „schwierig" anstelle von „schlecht". Solcher Rat ist meist auch explizit hypothetisch: „Wenn du jene Steine fangen willst, solltest du dort spielen." Es ist nicht ungewöhnlich, dass Spieler ganz begeistert sind von einer Partie, die sie gerade verloren haben, vor allem bei einer besonders eleganten Partie.

Hier zeichnet sich nun ab, weshalb das Fehlen ultimativer Standards von Gut und Schlecht nicht zu Nihilismus und Verzweiflung führen muss. Es gibt einen Rahmen, der die Struktur bereitstellt dafür, dass Dinge mehr oder weniger interessant sein können, aber dieser Rahmen beruht eindeutig auf dem Einvernehmen der Beteiligten, dieses Spiel zu spielen. Das heißt, er liegt in der Erkenntnis, dass das Fehlen solcher Standards zu einer Situation führt, die attraktiv ist, und nicht eine der Langeweile. Genau das ist es, was der Buddhismus sagen möchte.

Beim Go gibt es eine Anfangsübereinkunft darüber, was als Spielen des Spiels gilt. Diese Grundregeln und Definitionen ermöglichen einem, einige der Möglichkeiten als unangemessen zu erkennen. Bezogen aufs Leben sprechen Buddhisten hier davon, dass Mitgefühl der natürliche Begleiter der Weisheit sei. Diese Behauptung ist nicht so leicht zu verstehen wie es zunächst den Anschein hat, denn die Weisheit, von der hier die Rede ist, ist nichts anderes als das Verständnis, dass alles (einschließlich dieser Behauptung) leer sei. Es gibt nichts Absolutes. Hier scheint der Buddhismus dafür offen zu sein, dass es möglicherweise keine Grundlage dafür gibt, offensichtlich abscheuliches Verhalten – etwa das Quälen von Babys aus Langeweile – zu verurteilen. Wie können Buddhisten ihren Verweis auf Mitgefühl als einziger Reaktion auf die Situation des Menschen rechtfertigen?

Auch hier kann das Go-Spiel als nützliches Modell zum Verständnis beitragen. Wenn sich zwei Leute an einem Go-Brett gegenübertreten, könnten sie alles mögliche tun – einander mit Go-Steinen bewerfen, ihre Initialen ins Brett ritzen und so weiter. Wozu Go spielen? Allgemeiner gefragt, wozu sollte man überhaupt etwas tun? In dieser Frage geht es offenbar um Ziele und man nimmt deshalb gewöhnlich an, dass man zu ihrer Beantwortung eine Art Standard von gut und schlecht benötige. Es gibt jedoch noch eine andere Sichtweise. Bei dieser fassen wir ins Auge, von welcher Art die beiden Dasein sind, die sich hier begegnen. Nimmt man die Realität der Leere und wechselseitigen Abhängigkeit an, wird natürlich jedes Verhalten, das mit dieser Voraussetzung inkonsistent ist, unangemessen, weil es auf einer Täuschung gründet, auf einer falschen Vorstellung der Realität. Angemessenes Verhalten hätte also in irgendeiner Weise kooperativ zu sein.

Es ist also zwar so, dass aufgrund der Natur der Realität es nie um irgendetwas wirklich Wichtiges (in ultimativem Sinne) geht, es aber doch der Fall ist, dass manche Dinge angemessener erscheinen als andere, und ein guter Leitsatz dafür, die angemesseneren Dinge zu finden, wäre zu sagen, es sind diejenigen kooperativen Handlungen, die

die Chancen zur Kooperation erhöhen, also die mitfühlenden Handlungen. Also spielt man Go aus dem gleichen Grund, aus dem manche Menschen einen Berg besteigen. Weil es da ist und es schade darum wäre, wenn man es nicht spielen würde. Das gleiche gilt fürs Leben allgemein. Das Spiel der Nicht-Bindung ist ein nützliches Modell für ein Leben der Nicht-Bindung. Wenn wir also neugierig sind, was das Nirvana ist, so lernen wir Go spielen. Und dann beherzigen wir Dogens Rat und spielen einfach, ohne zu versuchen, irgendetwas anderes zu tun. Lassen wir uns vom Spiel „gefangen nehmen".

Partner und Gegner

Mit diesem Aufsatz beginne ich ein wenig Abstand zu nehmen von den recht trockenen philosophischen Analysen früherer Texte. Er ist auch der erste, in dem ich den Gedanken anführe, dass man sich beim anderen Spieler entschuldigen sollte, wenn man einen dummen Fehler macht, der zum Verlust des Spiels führt. So einen Fehler hatte ich kurz zuvor in einem Turnier begangen, als ich ganz am Ende eines Spiels eine Gruppe meiner eigenen Steine in Atari setzte, und darum beschäftigte mich dieses Thema. Dass man sich nach einem fatalen Schnitzer schlecht fühlt, sollte nicht in erster Linie darauf zurückzuführen sein, dass man seinetwegen das Spiel verloren hat.

Offensichtlich ist die Person, gegen die man in einem Go-Spiel spielt, der Gegner. Man muss sein Bestes geben, um zu gewinnen, was bedeutet, dass man versucht, den Gegner zu besiegen, welcher sich diesem Ziel widersetzt. Zugleich ist man natürlich der Gegner des anderen Spielers und arbeitet gegen dessen Sieg.

Es ist aber auch offensichtlich, dass in manch wichtiger Hinsicht der andere Spieler kein Gegner ist. Ohne die Mitwirkung des anderen Spielers kann man das Spiel überhaupt nicht spielen. Um das Spiel spielen zu können, ist ein komplexes beiderseitiges Einvernehmen erforderlich, das eine gemeinsame Tätigkeit ermöglicht, die weder der eine noch der andere alleine betreiben könnte.

Gegner sind im Allgemeinen auch Partner. Überraschenderweise stimmt das sogar im Fall des Krieges. Man kann den anderen vernichten, aber kämpfen kann man mit ihm nur, wenn er sich dadurch zur Mitwirkung entschließt, dass er Widerstand leistet. Das ist einer der Gründe dafür, weshalb in der japanischen Kultur traditionell beide Kinder bestraft werden, wenn es zu einem Streit kommt. Es ist nicht wichtig, wer angefangen hat, sondern dass man lernt, sich gegen eine bestimmte Art von Verhalten zu entscheiden.

Im Fall von Go ist die Partnerrolle bedeutender als in den meisten anderen Formen von Wettkampf, und sich den anderen Spieler als Partner vorzustellen, anstatt lediglich als Gegner, bringt einige der wesentlichen Eigenschaften von Go zum Vorschein. Als Gegner ist fast jeder geeignet, aber um ein akzeptabler Partner zu sein, muss man einige Voraussetzungen erfüllen. Ein Partner ist viel mehr als jemand, der sich einem irgendwie widersetzt.

Es wäre seltsam, jemanden einen Partner zu nennen, mit dem man nicht ein gemeinsames konkretes Ziel teilt, zu dessen Erreichen beide Seiten beitragen können – ein Ziel, von dem beide gleichermaßen etwas haben, nicht nur die Gelegenheit, den anderen zu schlagen. Das gemeinsame Ziel muss also die Freude am Spiel sein, nicht nur die Gelegenheit zur Freude daran, gewonnen zu haben, denn es werden nicht beide Spieler zu dieser Freude kommen.

In diese Richtung weist uns auch das Vorgabesystem, da seine Wirkung darin besteht, zu verhindern, dass wir mehr als etwa die Hälfte unserer Spiele gewinnen. Geht es uns um die Freude am Siegen, so ist Go unter den Spielen nicht die beste Wahl. Wenn wir also die Chance haben wollen, an mehr als nur etwa der Hälfte unserer Spiele Freude zu haben, muss die Qualität des Spiels im Zentrum stehen, und hier rückt die Idee in den Vordergrund, dass der andere Spieler und man selbst Partner sind.

Dies beeinflusst sowohl meine Haltung zum Spiel des anderen als auch meine Haltung zu meinem eigenen Spiel. Da es nicht mein Ziel ist, lediglich zu gewinnen, möchte ich, dass mein Partner die bestmöglichen Züge macht, und nicht dumme Fehler, die es mir erlauben, leicht zu gewinnen. Natürlich möchte ich gewinnen, aber was ich wirklich will, ist ein Spiel gewinnen, das exzellent gespielt wurde – von beiden Partnern.

Folglich ist es genauso wichtig, dass ich keine dummen Fehler mache. Nicht nur, weil sie vermutlich zu meiner Niederlage führen. Aufgrund des Vorgabesystems verliere ich etwa die Hälfte meiner Partien, egal wie ich spiele. Das Problem dabei, dass ich dumme Fehler mache, liegt darin, dass sie verhindern, dass ich das Spiel genieße, egal ob ich gewinne oder verliere. Die Freude an einem Sieg aufgrund grober Fehler des Partners ist in der Tat gering. Die Freude daran, gut zu spielen, auch wenn man verliert, ist dem weit überlegen.

Und dies ist eine der wesentlichen Qualitäten von Go. Man muss gut spielen, nicht nur so, dass man das Spiel gewinnen kann, sondern auch genießen. Wenn ich in einer Partie etwas ausprobiere, ohne recht zu wissen, worauf es hinausläuft, möchte ich nicht, dass mein Partner schlicht einknickt. Ich möchte, dass dem anderen Spieler eine anspruchsvolle Replik einfällt, die uns beide auf ein höheres Spielniveau hebt. Das ist unser gemeinsames Ziel, ein höheres Spielniveau zu erreichen, nicht einfach nur Spiele zu gewinnen.

Diese Art der Partnerschaft, die darauf abzielt, die Qualität des Spiels zu verbessern, gibt es in den meisten Spielen, aber im Go liegt auf ihr eine stärkere Betonung als in den meisten anderen Fällen, einfach aufgrund des Vorgabesystems. Das Spiel mit Vorgabe erinnert uns daran, dass der andere Spieler eher unser Partner ist, als unser Gegner, und dass wir als Partner einander verpflichtet sind, die besten Züge zu finden, die wir können – nicht nur um zu gewinnen, sondern um ein besseres gemeinsames Werk zu schöpfen, eine gut gespielte Partie. Also sollte ich mich bei meinem Partner entschuldigen, wenn ich einen dummen Fehler gemacht habe, der das Spiel kostet. Durch meine Nachlässigkeit habe ich unser gemeinsames Ziel untergraben.

American Go Journal XXXIII, 3 (Sommer 1999), 24

Was ist Form?

In den späten Neunzigern habe ich viel mit Kindern gearbeitet. Eine Zeit lang habe ich ganzen Klassen Go unterrichtet, einmal die Woche das ganze Schuljahr hindurch, in verschiedenen Schulen in Richmond, Virginia, bis zur sechsten Stufe. All diesen Kindern Go beizubringen hat mir sehr klar bewusst gemacht, welche besonderen Schwierigkeiten das Spiel für die Auffassungsgabe bietet. Die Regeln kann man leicht erklären, aber die Spieler müssen lernen, das Spiel zu sehen.

Vor kurzem habe ich angefangen zu trainieren, mit dem Ziel, meinen Cholesterinwert zu senken. Dabei ist es natürlich mein Ziel, gut in Form zu kommen, aber was heißt das?

An meinem ersten Tag im Fitnessstudio wollte der Trainer meinen ganzen Körper vermessen. Wenn ich es schaffe, meine Körpermaße um eine gewisse Anzahl Zentimeter zu vergrößern, bedeutet das, dass ich dann gut in Form bin? Natürlich nicht, denn in Form zu sein hat nichts mit den messbaren Größen deines Körpers zu tun, sondern damit, wozu du in der Lage bist. Wenn du einen Kilometer in unter vier Minuten laufen kannst, bist du ganz gut in Form. Wenn du eine Viertelstunde brauchst, ist deine Form furchtbar und deine Maße sind egal.

Gute Form hat mit gutem Potential zu tun, nicht mit guten Gegebenheiten. Wenn wir uns gute Form als eine wahrnehmbare Eigenschaft des sichtbaren Körpers vorstellen, dann nur, weil wir annehmen, dass bestimmte sichtbare Formen gutes Potential haben. Wenn das Potential da ist, ist es allerdings egal, wie sie aussehen. Und wenn das Potential nicht da ist, ist es auch egal, wie sie aussehen.

Im Go ist Form seltsam schwer zu fassen, und flüchtig. Es kann für einen schwächeren Spieler sehr frustrierend sein, wenn ein stärkerer auf einige Steine auf dem Brett zeigt und sagt „Das ist gute Form“ oder „Das ist schlechte Form“. Alles, was der schwächere Spieler sehen kann, ist eine Formation von Steinen, und es ist nicht klar, was die eine gut und die andere schlecht macht.

Mir geht es hier jedoch nicht in erster Linie um gute und schlechte Form, sondern einfach um Form – die Beziehungen zwischen Steinen und das Potential, das diese Beziehungen haben, das Brettstellungen zu mehr macht als nur zu einer Ansammlung verstreuter Steine.

Zu Beginn eines Schuljahrs haben viele der Kinder in meinen Go-Stunden große Schwierigkeiten, in einem Stein mehr zu sehen als nur einen Stein. Sie können sehen, dass durch direkte Verbindungen größere Einheiten gebildet werden, aber diese sind immer noch einfach Ketten von Steinen. Was ihnen schwerfällt zu sehen, ist das, was nicht im greifbaren, sichtbaren Dasein der Steine liegt. Sie können ihr Potential nicht sehen, sich zu entwickeln, Angriffen zu widerstehen, Gebiet zu kontrollieren. Sie halten es für genauso attraktiv, die zweite Linie entlangzulaufen wie die dritte; in beiden Fällen handelt es sich ja nur um Ketten von Steinen.

Erfahrene Spieler flachsen, dass wenn man mit Schwarz eine hohe Vorgabe bekommt, dass dann die weißen Steine unbesiegbar wirken, aber für meine Kinder scheinen ihre eigenen Steine unbesiegbar zu sein. Oder vielleicht ist es so, dass sie von Verwundbarkeit oder deren Gegenteil nichts wissen, weshalb sie meistens erschrocken sind, wenn Steine gefangen werden, egal welcher Farbe. Das heißt, Potential irgendwelcher Art ist ihnen schlechterdings unbekannt. Sie können Form nicht sehen. Sie merken nicht, dass die Steine ihre Muskeln spielen lassen.

Nach ein paar Übungsstunden machen natürlich so gut wie alle von ihnen allmählich Fortschritt auf diesem Gebiet, aber zu Beginn jeden Schuljahrs diesen Kampf zu sehen, erinnert mich daran, wie geheimnisvoll manche Dinge sind. Im Go ist nahezu alles, was im Spiel wichtig ist, unsichtbar, vor allem in der Eröffnung und dem Mittelspiel. Es ist nicht einfach versteckt, es ist überhaupt nicht da, in irgendeinem greifbaren Sinn. Es ist das Potential, das an irgendeinem zukünftigen Punkt umgesetzt wird, oder nicht. Man kann sagen, es sei da, aber man kann schwerlich direkt darauf zeigen.

In der Tat sind die Steine an sich, die in den Augen meiner Schüler eine so große Rolle spielen, das am wenigsten Wichtige auf dem Brett. Ihre Bedeutung ergibt sich vollständig aus ihrem unsichtbaren Potential. Ein erfahrener Spieler sieht kaum die Steine selbst. Wir sehen eine Invasion, eine Reduktion, eine mächtige Wand, eine unvernünftige Ausdehnung, eine große Gebietsanlage, solides Gebiet. All diese

Dinge haben mit Potential zu tun, und sie so klar sehen zu lernen wie die Steine selbst ist eine geheimnisvolle Angelegenheit.

Erst nachdem wir in der Lage sind, zu sehen, was nicht da ist, sondern da sein könnte, können wir anfangen, den Unterschied zwischen guter und schlechter Form zu sehen. Denn der Unterschied besteht lediglich in der Art des Potentials, das die Steine haben. Wenn wir versuchen, gute Form zu lernen, indem wir uns Steinformationen einprägen, können wir vielleicht einige davon wiedererkennen, aber wir werden nicht wissen, was sie eigentlich sind. Und wir werden sie nicht „sehen", wir werden nur etwas sehen, wovon man uns gesagt hat, es sei eine gute Form – und missverstehen, worauf sich das bezieht.

Das ist das gleiche, wie wenn man glaubt, dass man gut in Form ist, wenn man hier und da bestimmte Maße hat. Vielleicht ist das der Grund dafür, dass so viele junge Männer in meinem Fitnessstudio die meiste Zeit auf das Ziel verwenden, den Umfang ihres Bizeps zu vergrößern.

Wenn man nicht weiß, was Form ist, wird man sicher nicht in der Lage sein, gute Form zu verstehen. Es sind keine bestimmten Steinformationen; es ist das Potential, das manche Steinformationen haben. Wenn man das einmal zu sehen gelernt hat, sieht man die materiellen Steine nicht mehr als sehr wichtig an für das, was sie als Go-Steine sind.

Worum es geht, ist das, was aus ihnen werden könnte, was für eine Welt sie erschaffen können. Ich glaube, für die Kinder gilt das genauso.

American Go Journal XXXIII, 4 (Herbst 1999), 19

„Ich", „mein" und schlechte Züge

Meine Frau, Laurie Crammond, spielt beim Erstellen dieser Texte eine wichtige Rolle. Sie versteht sich sehr gut darauf, mir bei der Klärung dessen, was ich zu sagen versuche, zu helfen. Zu diesem Aufsatz hat sie die Metapher des frei fließenden Stroms beigetragen, die ganz hervorragend ausdrückt, worum es mir geht. Vom buddhistischen Standpunkt aus ist die Auffassung, man handle unabhängig und mit freiem Willen, bestens dazu geeignet, Leiden zu erzeugen.

„Wie konnte ich nur so einen schlechten Zug machen?"

So gut wie jeder von uns zerbricht sich über dieser Frage den Kopf – mindestens einmal in vielen unserer Spiele, wenn nicht sogar den meisten. Die üblichen Antworten, wie „Ich habe nicht gut genug aufgepasst." oder „Ich kann nicht rechnen." lösen das Problem natürlich nicht wirklich, sondern verschieben es nur auf die nächste Stufe. Die Frage wird dann zu „Warum passe ich nicht besser auf?", „Warum bin ich so schlecht beim Rechnen?", usw. Wir geloben Besserung, fassen uns ein Herz und spielen weiter. Bis es uns wieder passiert.

Vielleicht können wir dadurch weiterkommen, dass wir die Annahmen unter die Lupe nehmen, die einer Frage zugrunde liegen. Denken wir an die leichte Zuspitzung, die in der Frage steckt „Wer ist am besten für diese Aufgabe geeignet?" oder die grobe Vereinfachung in „Welcher Zug hat das Spiel verloren?". Was verbirgt sich hinter „Wie konnte ich nur so einen schlechten Zug machen?"

Uns stellt sich hier das verwirrende Problem um gut und schlecht, über das ich bereits gesprochen habe. Die Annahme liegt nahe, dass es gut ist, zu gewinnen, und folglich schlecht, zu verlieren. Aber das kann es nicht sein. Aufgrund des Vorgabesystems verlieren wir die Hälfte unserer Spiele und es wäre eigenartig, zu behaupten, wir würden mit Begeisterung ein Spiel spielen, das uns so oft eine schlechte Erfahrung garantiert. Tatsächlich bieten ja die meisten „schlechten" Züge eine gute Lernerfahrung und so gerät die ganze Problematik um gut und schlecht zur Nebensache. Wenn etwas eindeutig schlecht ist, dann dies: keine Gelegenheit zu bekommen, überhaupt zu spielen.

Es steckt allerdings eine viel schwerer zu fassende Annahme in „Wie konnte ich nur so einen schlechten Zug machen?“, nämlich die, dass „ich“ Dinge tue. Im Westen geht man gern davon aus, dass Menschen im Wesentlichen unabhängig Handelnde sind, die in einem Akt freien Willens Ereignisse auslösen können. In der buddhistischen Tradition dagegen wird behauptet, dass „ich“ kein unabhängiger Handlungsauslöser bin. Es gibt kein „Selbst“ in diesem Sinne. Stattdessen gibt es einen komplexen, dynamischen, interaktiven Prozess, in dem jedes Element von jedem anderen beeinflusst wird und nichts Kontrolle ausübt.

Wie sollen wir nun aus dieser Perspektive das Go-Spielen verstehen? Die Vorstellung eines frei Handelnden stellt sich während einer Partie nicht oft ein. Die Züge werden von der Brettsituation bestimmt. Die Aufgabe des Spielers liegt darin, es den Steinen zu erlauben, ihre Möglichkeiten zu offenbaren. Wenn es gut läuft, ist der Spieler eine Art Ventil, das dem Druck der Steine nachgibt, und übt auch nicht mehr freien Willen aus als ein Ventil. Die Steine sind es, die das Spiel spielen.

Etwas stimmt jedoch nicht in diesem Bild, denn die Lage ist eigentlich komplizierter. Der Druck, den die Steine ausüben, hängt zum Teil von unserem Verständnis ihres Potentials ab. Es sind also nicht nur die Steine, die das Spiel spielen.

Wir benötigen eine bessere Metapher, um unser Denken auf die richtige Spur zu bringen. Betrachten wir Wasser in einem „frei“ fließenden Strom. Die Bewegung des Wassers wird von den Steinbrocken im Flussbett und von den Ufern beeinflusst und gleichzeitig bewegt das Wasser auch die Steinbrocken und arbeitet fortwährend an der Uferlinie. Wir sehen also, dass ein Strom ein wechselseitiger Prozess ist, in dem alles, was geschieht, Ursache und Wirkung hat, wobei aber nicht leicht zu erkennen ist, was Ursache und was Wirkung ist. Das Wasser wird von den Steinen gelenkt; die Steine werden vom Wasser geformt. Keines übt Kontrolle über das andere aus, keines steht unter Kontrolle des anderen. Beides zusammen bildet einen Strom, den wir aufgrund seines dynamischen Charakters „frei“ nennen.

Vielleicht sind unsere Handlungen in einem ähnlichen Sinne „frei“. Im dynamischen, wechselseitigen Prozess „meines“ Go-Spielens ist das Brett die Ufer, die Steine sind die Steine und „ich“ bin das Wasser. Aber noch viele andere Elemente sind im Wasser für Strömungen verantwortlich: wir finden dort Stöcke, Fische und Gräser. Wir können zwar Dämme bauen, die Ufer befestigen, Leute hineinschicken, es bleibt jedoch fast unmöglich festzustellen, weshalb ein plötzlicher Wirbel einen Steinbrocken in die eine Richtung verschiebt und nicht in eine andere.

Die Frage ist nicht, weshalb der Steinbrocken sich nun genau so bewegt hat, sondern: Welche Folgen hat das dafür, was als nächstes passiert? Wir können uns zwar Veränderungen vorstellen, die allgemeine Auswirkungen haben: den Bau eines Uferdamms oder eine Trockenlegung. Wenn jedoch ein bestimmter Steinbrocken einen neuen Platz gefunden hat und die Strömung in eine unerwartete Richtung umlenkt, ist es am interessantesten, sich zu überlegen, was als nächstes passieren könnte.

Fürs Go-Spiel bedeutet das, dass wenn wir regelmäßig Tesuji-Bücher studieren oder Profi-Partien nachlegen, wir sozusagen Uferdämme zur Lenkung unseres allgemeinen Spielflusses bauen. Bemerken wir also, dass wir mit einem bestimmten Zug unsere Absichten unterminiert haben, dann reagieren wir richtig, indem wir nicht fragen, wie es zu diesem Zug kam (und vor allem nicht, wie „ich" so etwas tun konnte), sondern indem wir nach den unerwarteten Möglichkeiten Ausschau halten, die er eröffnet. Wenn die Gruppe, die leben hätte können, stattdessen stirbt, halten wir Ausschau nach neuen Strömungen, die dies erzeugt. Uns hier in eine zweifelhafte psychologische Untersuchung zu flüchten ist weder nützlich, noch interessant, noch macht es Spaß. Bleiben wir im Fluss des Spiels!

American Go Journal XXXIV, 1 (Winter/Frühjahr 2000), 22

Zuflucht suchen im Dharma

Dieser Aufsatz wurde durch einige besonders eklatante Beispiele von Respektlosigkeit gegenüber einem Profi-Lehrer bei einem Workshop ausgelöst. Er ist außerdem eine Reaktion auf die unter Spielern weitverbreitete Praxis, ihre Partien nicht von stärkeren Spielern besprechen zu lassen und nie einen Workshop zu besuchen – oder gar ein Buch zu lesen. Wenn an so viel Wissen so leicht heranzukommen ist und es gleichzeitig so schwer ist, es sich selbst zu erarbeiten, dann finde ich es sehr seltsam, dass so viele sich keine Mühe machen, sich Zugang dazu zu verschaffen. Nachdem ich viele Jahre als Lehrer tätig war, ist mir das Ausmaß an Bestätigung für den Ausspruch „Selig sind die geistig Armen" natürlich bewusst. Go macht auf jeder Verständnisstufe Spaß, aber je mehr man davon versteht, desto mehr Spaß macht es. Den meisten Spielern, die mehr über das Spiel wissen als wir, ist es ein Vergnügen, ihr Wissen zu teilen. Wir müssen nur fragen.

Go zu spielen kann uns im Westen eine Grundlage dafür bieten, einige der Praktiken und Haltungen zu verstehen, die eine buddhistische Kultur ausmachen. Ein Beispiel dafür ist das Verstehen des Lehr- und Lernprozesses.

Die buddhistische Lebensweise wird oft in einer Anzahl von Gelübden zusammengefasst, Erklärungen dazu, wie man zu handeln beabsichtigt. Die berühmtesten sind als die „drei Juwelen" bekannt: „Ich suche Zuflucht im Buddha; ich suche Zuflucht im Dharma; ich suche Zuflucht im Sangha."

Die Sanskrit-Ausdrücke Buddha, Dharma und Sangha lassen sich übersetzen als „der Erleuchtete", „Lehren" und „Gemeinschaft der Praktizierenden". Es fällt nicht schwer, die Bedeutung der Metaphern zu erfassen, in der Gemeinschaft oder im Buddha Zuflucht zu suchen. Wir können uns vorstellen, zu einer Gruppe oder einer speziellen Person zu gehen, wenn wir einmal Trost oder Schutz benötigen. Aber was bedeutet es, Zuflucht in den Lehren zu suchen?

Es könnte auch bedeuten, an diese Dinge zu glauben, weil es Trost bietet. Wenn Leute über Religion als „Vertröstung ins Jenseits" sprechen, dann haben sie so etwas im Sinn. Gemeint ist jedoch etwas Tiefergehendes. Das grundsätzliche Bild, das „Zuflucht suchen" vermittelt, ist das, einen sicheren Ort zu betreten, der einen vor etwas Bedrohlichem beschützt. Für Buddhisten ist die Bedrohung das Leiden, und Schutz besteht darin, die falschen Ansichten, Haltungen, und Verhaltensweisen zu beheben, die Leid verursachen. Die erste Funktion des Dharma ist also, die Gedanken und Haltungen zu beseitigen, die die Quelle unserer Probleme sind. Die zweite Funktion ist zu zeigen, wie die Dinge wirklich sind, so dass wir auf die Welt angemessen eingehen.

Meist sagt man jedoch, dass man eine Reihe von Prinzipien „glaube", nicht, dass man in ihnen „Zuflucht suche". Die buddhistische Metapher wirft ein Licht auf die Art und Weise, wie wir Verständnis des Dharma erwerben, also den Prozess des Lehrens und Lernens.

Die buddhistische Sicht darauf, wie die Dinge sind, liegt so konträr zu dem, was die meisten Leute ihrer Meinung nach glauben, dass es ihnen manchmal schwerfällt, diese Sicht ernstzunehmen. Nur diejenigen, die in der Welt, wie sie sie wahrnehmen, mit großen Schwierigkeiten zu kämpfen haben, dürften offen sein für eine radikale Revision ihres Verständnisses. Deshalb sagen Buddhisten, der erste Schritt sei die Erkenntnis, dass Leben Leiden ist. Wenn man nicht erkennt, dass die Art und Weise, wie man vorgeht, desaströs ist, dann wird man wenig Interesse daran haben, seinen Ansatz zu revidieren.

Beim Go-Spielen ist unsere Unkenntnis offensichtlich, weil wir nicht in der Lage sind, Gleichaufpartien gegen stärkere Spieler zu gewinnen. Dies zeigt uns deutlich, dass es in diesem Spiel etwas gibt, das wir nicht verstehen. Wenn der stärkere Spieler also einen Vorschlag macht, selbst den, völlig entgegen unserer Gewohnheit zu spielen, so probieren wir ihn aus, anstatt ihn aus dem Grunde zu verwerfen, dass wir „wissen", dass er nicht richtig sein kann.

Tatsächlich suchen wir mit Freude stärkere Spieler auf und ahmen ihren Spielstil nach. Allein in einer Welt, die wir nicht verstehen, suchen wir gerne Zuflucht im Verständnis derjenigen, die eindeutig effektiver agieren als wir es tun. Auf ähnliche Weise mag der gestresste, gehetzte, deprimierte Abendländer das gelassene, heitere, positive Verhalten eines buddhistischen Mönchs wahrnehmen, seinen Weg verlassen und Zuflucht im Dharma suchen.

Unser Unwissen zu erkennen und anzunehmen führt zu einer Haltung der respektvollen Wertschätzung von allem, was der Lehrer sagt, und einer Bereitschaft, es auszuprobieren, egal wie bizarr es klingt. Als Lernender habe ich kein Interesse daran, den Lehrer herauszufordern, und ich werde den Lehrer sicher nicht kritisieren, denn das Wissen des Lehrers ist meine einzige Hoffnung, die Wahrheit zu entdecken. Darüberhinaus strebe ich danach, vom Lehrer so viel wie möglich zu erfahren. Auf der Grundlage von einer Lehrpartie pro Jahr werde ich nirgendwo ankommen.

Der westliche Leitgedanke, dass man gut allein klarkomme, findet keine Anwendung. „Autodidakt" ist keine Auszeichnung, die man mit einer erleuchteten Person in Verbindung bringt, weder im Buddhismus noch im Go. Warum sollte eine Person, die entdeckt hat, wie enorm unwissend sie ist, was die fundamentale Natur der Dinge angeht, glauben, sie könne die Wahrheit nun ganz alleine herausfinden? Seien wir dankbar dafür, dass es stärkere Spieler gibt, insbesondere Profis, und suchen wir Zuflucht bei ihnen.

Das ist der einzige Weg.

American Go Journal XXXIV, 2 (Sommer 2000), 19

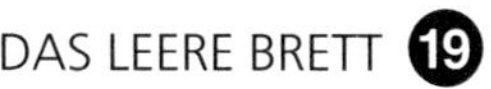

Go hilft

Nach dem Verfassen des folgenden Textes habe ich selbst Erfahrung mit der therapeutischen Anwendung von Go gemacht, in Form des Atari-Go. Mehrere Jahre lang habe ich einmal im Monat einer Gruppe von Menschen mit geistiger Behinderung an einer Tagesstätte Go unterrichtet. Das Personal war erstaunt über den positiven Einfluss, den das Go-Spielen hat. Es regt den Umgang der Patienten untereinander und mit mir an. Dadurch wirkt es ihrer Vereinsamung entgegen, die oft ein schwerwiegender Aspekt dieser Krankheit ist. Ich habe erlebt, wie Menschen mit völlig leerem, ausdrucklosem Gesicht zum Unterricht erschienen sind und jedem Blick auswichen, und die laut lachten, noch bevor die Stunde zu Ende war. Glücklicherweise scheint der Eindruck, den diese Erfahrung macht, dauerhafte Auswirkungen zu zeigen. In Japan werden weiterhin wissenschaftliche Untersuchungen in diesem Bereich durchgeführt, siehe z.B. Go as Communication, the Educational and Therapeutic Value of the Game of Go *[Go als Kommunikation, der erzieherische und therapeutische Wert des Go-Spiels] von Yasuda Yasutoshi, erschienen bei Slate & Shell.*

Jeder Go-Spieler weiß, dass Go das Denken allgemein fördert, indem es intellektuelle Fähigkeiten entwickelt wie die der Analyse und des Schlussfolgerns, indem es die Wahrnehmung schärft und das Gedächtnis und die Konzentrationsfähigkeit verbessert. Go kann auch soziale Fertigkeiten verbessern und das persönliche Wohlbefinden steigern, da sich in ihm zeigt, dass Wettbewerb von beiderseitigem Nutzen sein kann und dass es nicht notwendigerweise schlecht ist, wenn man verliert.

Die Tatsache, dass Go sowohl erzieherischen Wert hat als auch Spaß macht, ist der Hauptgrund dafür, dass Schulen damit so gerne ihr Angebot erweitern. Diese Vorzüge des Spiels werden in der AGA-Broschüre *The Game of Go: A Beginner's Manual for Teachers, Students and Organizers* [Das Go-Spiel: Einführendes Handbuch für Lehrer, Schüler und Veranstalter] besprochen.

Kürzlich habe ich herausgefunden, dass Go offenbar noch in ganz anderer Weise dem Geist förderlich ist. Als ich letzten Juni in Japan war, um an einem Symposium über den erzieherischen Nutzen des Go-Unterrichts an Schulen teilzunehmen, hatte ich die Gelegenheit zu einer Rundreise mit Yasuda Yasutoshi, 9. Dan, um einige der Schulen und Einrichtungen zu besuchen, an welchen er Go für Anfänger unterrichtet. Ich hatte bereits mit Yasuda-Sensei zusammengearbeitet und gesehen, wie er anhand der Version des Atari-Go sowohl Erwachsene in Einrichtungen wie Altersheimen als auch Kinder in Schulen ans Go-Spiel heranführt.

Auf dieser Reise habe ich festgestellt, dass man in Japan großes Interesse daran hat, wie man Go zur Therapie für Menschen mit psychischen Problemen einsetzen kann. Mir war bereits in meinen Schulkursen aufgefallen, dass Kinder mit Lernbehinderungen vor allem vom Go-Lernen profitierten und so ihre schulischen Leistungen verbesserten, während einige verhaltensauffällige Kinder offenbar durch das Spiel ruhiger werden und positiven Anstoß erhalten.

Die Japaner sind allerdings noch wesentlich weiter vorangekommen und haben dabei ihre Arbeiten zu Kindern mit Lernbehinderungen und Verhaltensauffälligkeiten als Sprungbrett genutzt.

In den letzten Jahren hat Dr. Kaneko Mitsuo, ein international anerkannter japanischer Neurochirurg, mit Senioren gearbeitet, die an Altersdemenz leiden. Anhand von PET-Scans hat er gezeigt, dass es einen größeren Bereich der rechten Gehirnhälfte gibt, der bei Menschen, die an Demenz leiden, zu schwinden beginnt. Es stellt sich heraus, dass dies im Wesentlichen derjenige Bereich des Gehirns ist, der am meisten aktiv ist, wenn wir uns musikalisch betätigen und wenn wir Go spielen. Um dies genauer zu untersuchen, hat Dr. Kaneko Patienten im Anfangsstadium der Demenz Go beigebracht.

Dr. Kaneko ist jetzt davon überzeugt, dass das Erlernen des Go-Spiels bei nahezu allen Patienten die Entwicklung von Demenz im frühen Stadium der Krankheit rückgängig machen kann. Für Alzheimer gilt dies natürlich nicht, da dies nach wie vor eine unheilbare Krankheit ist, aber es funktioniert bei allgemeiner Demenz. Wir besuchten Dr. Kanekos Klinik, spielten mit einigen seiner Patienten Atari-Go und fanden seine Arbeit sehr überzeugend. Dr. Kanekos Untersuchungen zeigen auch, dass Aktivitäten wie das Fernsehen und das Lesen von Zeitschriften für diese Patienten nicht die heilsame Wirkung hat, die das Go-Spielen bietet.

Yasuda-Sensei arbeitet an einer ähnlichen Studie, an der Menschen jeden Alters mit schweren geistigen und körperlichen Behinderungen teilnehmen. Dieses Jahr besucht er regelmäßig verschiedene Einrichtungen, wobei genau untersucht wird, wie sich das Erlernen des Go-Spiels auf diese Patienten auswirkt. Bisher sind die Ergebnisse sehr vielversprechend.

Diese Arbeiten sind faszinierend. Die Tatsache, dass jeder mit der Version des Atari-Go beginnen kann, spielt natürlich eine große Rolle dabei, dass diese Arbeit überhaupt möglich wird. Viele der Patienten wären bei ihren ersten Schritten im Go nicht in der Lage, mit den Regeln und Taktiken des regulären Go umzugehen.

Diese Forschungen liefern der Behauptung, die man von Go-Spielern immer wieder hört, dass es mit diesem Spiel etwas ganz Besonderes auf sich habe und dass es unsere besten und menschlichsten Seiten stärke, wissenschaftliche Unterstützung. Es wäre ein großes Geschenk für die Menschheit, wenn es sich außerdem als wirksame Therapie bei ernsthaften psychischen Störungen erweisen würde.

Auch für diejenigen von uns, die wie ich die Sechzig überschritten haben, bedeutet das, dass wir uns nicht nur an einem wunderbar fesselnden und unterhaltsamen Spiel erfreuen dürfen, sondern auch zuversichtlich sein können, dass wir uns um Altersdemenz keine Sorgen zu machen brauchen – so lange wir spielen!

American Go Journal XXXIV, 3 (Herbst 2000), 17

Zwei Arten des Verlierens

Jeder Gospieler erlebt hin und wieder Serien von Niederlagen, sogar die besten Profi-Spieler. Eine besonders schwere, die ich erleiden musste, regte mich zu diesem Text an.

Mir scheint, ich habe in letzter Zeit etwas mit Cho Chikun (9. Dan) gemeinsam, da wir beide mehr Spiele verlieren, als uns lieb ist.

Cho ist seit einigen Jahren einer der erfolgreichsten Go-Spieler in Japan. Er war Inhaber aller wichtigen Titel, für gewöhnlich mehrerer gleichzeitig, und oft errang er denselben Titel mehrere Jahre hintereinander. Anfang letzten Jahres zum Beispiel hielt er die höchsten drei Titel in Japan: den Kisei-, den Meijin- und den Honinbotitel. Zum Ende des Jahres aber hatte er es geschafft, alle drei zu verlieren!

Nun, eine Heldentat dieser Größenordnung habe ich nicht vollbracht. Aber dieses Jahr habe ich es geschafft, in zwei Turnieren all meine Spiele zu verlieren. Das hat mich dazu gebracht, über das Phänomen des Verlierens nachzudenken. Ganz allgemein gesagt, gibt es zwei Gründe, warum wir ein Spiel verlieren: Der erste ist, dass wir irgendeinen groben Fehler machen, der zweite, dass der Gegner uns einfach überlegen ist. Der Unterschied zwischen diesen beiden ist wichtig.

Im ersten Fall übersehen wir etwas, das wir aufgrund unserer Kenntnis des Spiels eigentlich hätten sehen können. Im zweiten Fall spielen wir so gut wir können, aber es reicht einfach nicht um zu siegen.

Niederlagen des ersten Typs sind für uns nutzlos. Sie sind eine Zeitverschwendung, man fühlt sich dabei frustriert, vielleicht sogar beschämt und man lernt nichts dabei. Niederlagen des zweiten Typs sind nützlich. Man ist danach aufgeregt, möchte gleich eine weitere Partie spielen und ist begeistert von der wundervollen Erfahrung, Go zu spielen. Darüber hinaus erfährt man immerhin, an welchen Aspekten des Spiels man noch arbeiten sollte. Mit anderen Worten: Man wird stärker.

Es gibt viele Gründe, warum wir die dummen Fehler machen, die zu nutzlosen Niederlagen führen. Manchmal sind wir einfach zu müde oder abgelenkt. Einer meiner Gegner verlor einmal gegen mich, weil er offenbar keine Lust hatte, sich richtig anzustrengen. Ich unternahm einen lachhaften Versuch, eine große Gruppe zu retten, die in schwere Bedrängnis geraten war. Er machte sich nicht einmal die Mühe, mich daran zu hindern, zwei Augen zu machen. Natürlich war das ein sehr unbefriedigender Sieg für mich, denn wegen eines dummen Fehlers zu gewinnen, ist nicht interessant. Wie früher schon erwähnt: Wenn man ein Spiel aufgrund eines Patzers verliert, sollte man sich beim Sieger dafür entschuldigen, etwas verdorben zu haben, das eigentlich Freude bereiten sollte.

Völlig anders fühlt man sich hingegen, wenn man verliert, obwohl man innerhalb seiner Möglichkeiten gut gespielt hat. Ein derartiges Spiel zu verlieren macht beinahe so viel Freude wie es zu gewinnen.

Dies zeigt, dass es beim Go auf den Vorgang des Spielens und nicht auf das Ergebnis ankommt. Die Würdigung dieser Eigenheit des Go-Spiels ist erstaunlich weit verbreitet. Die meisten US-amerikanischen Spieler sind nicht so besessen vom Siegen, wie man es vielleicht erwarten würde, wenn man den allgemeinen Charakter der amerikanischen Kultur berücksichtigt. Jeder hat schon einmal Spieler gesehen, die bei Turnieren ihre Gegner daran erinnerten, ihre Uhr zu drücken. In Freundschaftspartien ist es üblich, den Gegner zur Rücknahme eines offensichtlichen Fehlers aufzufordern. Bei den letzten Go-Amateur-Weltmeisterschaften in Japan bekam ich mit, wie ein Schweizer Spieler sichtbar darunter litt, dass sein klar vorne liegender chilenischer Gegner eine große Gruppe übersah, die beim Ausfüllen der neutralen Punkte ins Atari geraten war. Der Schweizer war nun in dem Dilemma, entweder das Atari zu ignorieren und die Niederlage hinzunehmen, was einen Fehler mit einem Fehler bestraft hätte, oder die Gefangenen einzusammeln und einen „unverdienten" Sieg einzustreichen. In beiden Fällen ist der Genuss der Partie verdorben.

Eine Niederlage wird somit dann nutzlos, wenn man nicht genügend Aufmerksamkeit aufwendet. Dies ist genau das, was in der buddhistischen Praxis oft als „Achtsamkeit" bezeichnet wird. Sie ist eine der grundlegenden Voraussetzungen der Erleuchtung. Für diese Aufmerksamkeit ist ein vollständiges Bewusstsein des Inhalts des gegenwärtigen Moments notwendig. Wenn wir müde sind, legen wir einen

Teil unserer Aufmerksamkeit still und haben nicht alles im Blick. Wenn wir abgelenkt sind, wenden wir uns vom Inhalt des gegenwärtigen Moments ab. Achtsamkeit ist der Schlüssel sowohl zu gutem Spiel als auch zur Freude am Go. Sie führt uns an die Grenze dessen, was wir begreifen können. Genau das ist der Punkt, an dem das Spiel für uns am erfüllendsten ist, nämlich wenn wir an der Grenze unseres Verständnisses spielen.

Durch Achtsamkeit können wir nutzlose Niederlagen vermeiden. Deshalb sollte man sich konzentrieren und in jedem Moment aufmerksam sein. Dies ist keine Garantie für einen Sieg. Aber auf diese Weise kann man sicher vermeiden, dass, egal ob man gewinnt oder verliert, die Partie ein nutzloser Zeitvertreib ist.

American Go Journal XXXV, 1 (Winter 2001)

Schrödingers Go-Stein

Ich nehme an, dass die meisten Leute von Schrödingers Katze zumindest schon einmal gehört haben und wissen, dass sie irgendetwas mit Quantenphysik zu tun hat. Glücklicherweise hatte ich, als mir die Idee zu diesem Artikel kam, zufällig einen Schüler in meinem Go-Kurs, der Physik studierte, und so konnte ich sicherstellen, dass ich hinsichtlich der Physik, um die es geht, nichts völlig Konfuses sage (was ich sage, ist vielleicht immer noch ein wenig konfus – manche Konzepte lassen sich nicht leicht in einfacher Sprache ausdrücken). Das Problem bei der Katze ist, dass es schwer ist, sich eine Katze vorzustellen, bei der lebendig und tot als alternative mögliche Gegebenheiten vorliegen. Wir stellen sie uns normalerweise als eindeutig entweder das eine oder das andere vor. Das Konzept inkompatibler Zustände, die beide möglich sind, solang keiner davon gegeben ist, wird im Zusammenhang mit Go-Steinen viel leichter verständlich. Dass die Geschichte mit einer Katze als Hauptdarstellerin viel rätselhafter ist, mag natürlich pädagogisch von Vorteil sein.

Die probabilistische Quantenmechanik der modernen Physik weist überraschende Parallelen zu Go auf. Beide stellen allgemeine Annahmen über die Natur der Realität in Frage. Ein gutes Beispiel hierfür ist das berühmte Paradox, das sich in der Geschichte von Schrödingers Katze ausdrückt.

Die Geschichte ist folgende: Eine Katze befindet sich in einer verschlossenen Kiste, zusammen mit einem Fläschchen Giftgas und einer radioaktiven Substanz. Sendet das radioaktive Material ein Elektron aus, setzt dies die Öffnung eines Ventils am Gasfläschchen in Gang und die Katze stirbt.

Solang die Kiste verschlossen ist, können wir nicht durch direkte Beobachtung wissen, ob die Katze tot oder lebendig ist. Schrödinger möchte jedoch die Vorstellung nahelegen, dass wenn der radioaktive Zerfall probabilistischer Natur ist, die Katze weder tot noch lebendig ist, bis wir die Kiste öffnen und sich die eine oder die andere Möglichkeit manifestiert. Das heißt, bevor die eine oder die andere Möglichkeit tatsächlich eintritt, bleibt die Situation offen fürs Eintreten sowohl der einen als auch der anderen. Es ist nicht so, dass in der Situation bereits eine bestimmte Struktur besteht, die das eine oder andere Ergebnis festlegt.

Schrödinger versucht verständlich zu machen, dass die moderne Physik etwas sehr Eigenartiges darüber sagt, wie die Welt beschaffen ist. Wir könnten allerdings behaupten, dass die Geschichte mit der Katze nicht der effektivste Weg ist, dies zu tun. Die meisten Leute nehmen an, dass die Katze in der Kiste tatsächlich entweder tot oder lebendig ist, und dementsprechend alles im Universum sich entweder so oder so verhält. Somit könnten wir grundsätzlich bestimmen, was sein wird, indem wir untersuchen, was bereits ist. Die Quantentheorie streitet ab, dass dies so ist.

Was hier über die Realität gesagt wird, sollte jedoch Leuten, die mit Go vertraut sind, nicht seltsam erscheinen. Solange eine Partie im Gang ist, ist ein Go-Stein etwas ganz Eigenartiges. Auf dem Brett ist er als solcher weder stark noch schwach, weder wichtig noch entbehrlich, weder gut noch schlecht, und so weiter. Von all diesem ist er das eine oder andere nur potientell und bedingterweise. Solange in einer Situation nicht realisiertes Potential besteht, sind die Steine tatsächlich weder das eine noch das andere. Schnittsteine sind für gewöhnlich wichtig, aber das hängt davon ab, wie sich das Spiel entwickelt. Eine Gruppe mit einer Anzahl von Steinen ist für gewöhnlich wertvoll, aber das hängt davon ab, wie sich das Spiel entwickelt.

Das ist der Grund dafür, dass ein erfahrener Spieler immer zögert, einen bestimmten Zug während einer Partie als eindeutig gut oder schlecht zu bewerten. Es hängt ganz davon ab, wie sich das Spiel entwickelt. Sagt ein starker Spieler „Das ist gut für Schwarz“, dann sollten wir immer mithören „unter der Annahme, dass sich das Spiel normal entwickelt“.

Die Sichtweise, die wir brauchen, um gut Go zu spielen, ist also eine, bei der wir nicht davon ausgehen, dass wir in den Dingen, wie sie liegen, ihr eindeutiges Wesen sehen, weil es so etwas nicht gibt, sondern davon, dass wir die verschiedenen möglichen Arten und Weisen sehen, wie die Dinge liegen könnten – es aber noch nicht tun. Wir können sagen, dass ein Zug „wahrscheinlich“ gut ist, dass ein Stein „wahrscheinlich“ wichtig ist; dieses „wahrscheinlich“ entspringt aber nicht einem Mangel an Verständnis oder Wissen. Es bedeutet, dass das Wesen des Steins nicht bestimmt wird, bevor sich nicht die eine oder andere Reihe von Möglichkeiten vollständig realisiert hat. Und welche dies sein wird, kann nicht im Voraus bestimmt werden. Wir können also nicht sagen, er „ist“ gut, sondern nur, dass er gut „werden“ kann.

Anfänger denken zuweilen, dass man einige Zugfolgen auswendig lernen und aufs Brett legen kann, und dass man dann sicher weiß, was man hat. Etwas Erfahrung wird sie von dieser naiven Ansicht befreien. Man kann etwas wissen über die Palette von Möglichkeiten in bestimmten Steinformationen, genau so wie man die Zerfallsrate bestimmter radioaktiver Substanzen kennen kann. Aber was nun wann passieren wird, kann nicht genau bestimmt werden, egal wie gründlich man die Lage untersucht.

Die klassische Physik nahm an, dass die Realität eindeutigen und determinierten Charakter habe und dass man lediglich ein Verfahren zur genauen Beobachtung brauche. Die moderne Physik weiß, oder vermutet zumindest, dass dies nicht so ist. Für Go-Spieler ist das keine Überraschung.

Sowohl die Welt als auch das Go-Spiel sind offene Prozesse, deren Bestandteile nicht so exakt beschrieben werden können, dass Wirkungen genau vorhergesagt werden könnten. Macht man also diesen einen Schulterzug, dann kann niemand sagen, dieser Zug sei eindeutig gut oder schlecht. Wir können nur über Wahrscheinlichkeiten reden. Ob er gut oder schlecht ist, kann man nicht wissen, bevor das Spiel zu Ende ist.

Vielleicht wäre eine bessere Geschichte die von Schrödingers Go-Stein.

American Go Journal XXXV, 2 (Frühjahr 2001)

Go nach der Uhr

Eines Tages begann mich das Thema zu beschäftigen, wieviel Mindestbedenkzeit man auf AGA-Turnieren gewährt bekommen sollte. Ich hatte genug davon, mit zwanzigsekündigen Byoyomi-Perioden zurechtkommen zu müssen, wenn ich in einer Partie zurücklag. Zwar gingen zu dem Thema viele E-Mails hin und her, aber wie so oft in der AGA kam es nie zu einer klaren Einigung. Wenn ich jetzt auf einem Turnier spiele, bei dem es Byoyomi-Perioden von zwanzig Sekunden gibt, sorge ich einfach dafür, dass ich innerhalb der Grundbedenkzeit fertig werde. Dies ist der politischste unter den Artikeln, die ich geschrieben habe.

Heutzutage sind wir es gewohnt, nach Zeitvorgaben auf einer Uhr zu spielen. Sowohl beim Spiel im Internet als auch auf Turnieren am Brett ist dies Standard, aber das war nicht immer so.

Bis in jüngster Vergangenheit konnten sich die Spieler so viel Zeit nehmen, wie sie wollten. Freie Partien liefen normalerweise zügig ab, aber professionelle Partien konnten sich über Tage und sogar Wochen hinziehen, und taten dies auch. Man saß den ganzen Tag am Brett und machte nur sehr wenige Züge. Als sich mehr und mehr Zuschauer begannen, für Profiturniere zu interessieren, wurde das zu umständlich und man führte Zeitvorgaben ein. Heute gibt es Profi-Turniere, auf denen den Spielern je acht Stunden gewährt werden; auf den meisten Turnieren allerdings deutlich weniger. Worüber denken sie nun nach, in dieser langen Zeit?

Es gibt eine interessante Geschichte über einen japanischen Profi-Spieler, der einmal eine ganze Stunde von den dreien, die ihm zur Verfügung standen, dafür aufwendete, über seinen ersten Zug nachzudenken – mit Schwarz! Als Beobachter nachfragten, erklärte er ihnen, er denke gerne über Eröffnungszugfolgen nach. Da Profis in der Lage sein müssen, viele lange Zugfolgen zu prüfen, ist es nicht ungewöhnlich, dass sie während einer Partie mehrere Stunden damit zubringen, über einen Zug nachzudenken.

Den allermeisten Amateuren wäre so etwas nicht möglich, dennoch kann die Zeitdauer, die man für eine Partie zur Verfügung hat, einen großen Unterschied ausmachen. Partien auf IGS (dem *Internet Go Server*) werden häufig in einer Geschwindigkeit von 25 Zügen je zwei bis fünf Minuten gespielt, sodass ein Spiel im Allgemeinen weniger als 30 Minuten dauert. Unter solchen Bedingungen kann man sich das Auslesen langer Zugfolgen natürlich schenken.

In der Tat haben erst Uhren dieses „Blitz"-Go möglich gemacht. Diese Art des Spielens ist sehr aufregend, aber unterscheidet sich deutlich von der, bei welcher die Spieler gründlich nachdenken. Die meisten Leute sagen, dass man vom Spielen unter solchen Bedingungen nicht stärker wird. Man spielt gewissermaßen auf Autopilot und lässt sich davon leiten, was einem auf dem erreichten Erkenntnisniveau am Besten erscheint. Es ist unwahrscheinlich, dass man unerwartete Varianten entdeckt, und kann kaum über neue Ansätze nachdenken. (Das Nachdenken über die Vielzahl an Möglichkeiten gehört zu dem, was mir an diesem Spiel Spaß macht, deshalb spricht mich Blitz-Go nicht besonders an.)

Bei Turnieren sorgen die Uhren dafür, dass die einzelnen Runden einigermaßen rasch ablaufen können, ohne gründliches Nachdenken übermäßig zu erschweren. Für ein zu wertendes Spiel setzt die AGA eine Mindestgrundbedenkzeit von 30 Minuten an, für eine Partie ohne Byoyomi (Zeitzuschlag) 45 Minuten. In zweitägigen Turnieren mit fünf Runden ist die Grundbedenkzeit meist 60 Minuten. In den US-Open beträgt sie zwei Stunden für die starken Spieler und 90 Minuten für die übrigen, was eine wunderbare Art überlegten Spielens ermöglicht. Die meisten Amateure können mit so viel Zeit gut umgehen.

Interessanterweise sind feste Gesamtbedenkzeiten („Sudden Death Timing": Wenn einem die Grundbedenkzeit abläuft, bevor man die Partie beendet hat, ist die Partie verloren) bei US-Turnieren rar geworden. Vermutlich wird befürchtet, dass Sudden Death zwangsläufig zu übereiltem Spiel führt, welches imstande ist, eine gute Leistung zu ruinieren und die Freude am Wettkampf dazu. Die gleiche Gefahr besteht jedoch bei einigen Arten des Byoyomi.

Wie sähe eine sinnvolle Byoyomi-Zeitvorgabe aus? Einerseits wollen wir, dass die Runden zügig ablaufen, aber andererseits wollen wir die Spieler nicht zu der Sorte flüchtigen Spiels zwingen, das zu dummen Fehlern führt. Bei den US-Open stehen den Spielern fünf Perioden zu je 30 Sekunden zur Verfügung. Eine beliebte Alternative sind 20 Steine in fünf Minuten. Diese Zeitvorgaben sind recht angemessen, da es einem in jener Spielphase normalerweise möglich ist, den Blick auf lokale Situationen zu beschränken, und wo man schnelle Abfolgen von Zügen spielen kann, wie Forcierzüge (Kikashi), Endspielzüge am Rand, und so weiter.

Ich habe allerdings auch auf Turnieren gespielt, bei denen das Byoyomi viel kürzer war: Fünf Perioden zu je 20 Sekunden, oder 25 Steine in fünf Minuten. Diese Zeitvorgaben hören sich zwar kaum anders an, aber die kleinen Differenzen haben in der Praxis eine große Wirkung.

Bei einer Periode von 20 Sekunden fängt die Uhr schon nach zehn Sekunden an zu piepsen oder zu zählen, was bedeutet, dass einem nur die Hälfte der Periode bleibt, bis die Uhr abzulenken beginnt. Bei einer Periode von fünf Minuten bedeuten fünf zusätzliche Steine, dass man weitaus weniger Gelegenheit bekommt, über einen Zug 30 Sekunden nachzudenken. Damit kommen wir den Umständen viel näher, die im Sudden-Death-Modus herrschen, und dies widerspricht unserem Ziel, kein übereiltes Spielen zu erzwingen. Ich würde also vorschlagen, dass 20 Steine in fünf Minuten sowie Perioden von 30 Sekunden das Minimum sein sollten und dass in den US-Open die Perioden 60 Sekunden betragen sollten, dem Ziel entsprechend, das bestmögliche Spielniveau zu befördern.

Die größte Gefahr von Uhren liegt wohl darin, dass wir ihnen erlauben, uns zu unnötig übereiltem Spiel zu drängen, dadurch die Qualität des Spiels zu untergraben und die des Erlebnisses dazu – ausdrückliche Blitzpartien ausgenommen. Schließlich haben wir Menschen doch die Uhr erfunden, es gibt also keinen Grund, uns von ihr herumkommandieren zu lassen.

American Go Journal XXXV, 3 (Sommer 2001), 11

Go als Meditation

Die Passage, die Go als „eine intensive Meditation“ bezeichnet, wird in Veröffentlichungen der AGA schon seit vielen Jahren verwendet. Sie fiel mir nur eines Tages ins Auge, als ich ein Thema für diese Kolumne suchte. Ich wäre heute eher bereit zu sagen, dass man Go auch als eine Möglichkeit auffassen kann, in „veränderte Seinszustände“ zu gelangen. Das wäre aber ein Thema für einen neuen Artikel.

In der AGA-Zeitschrift findet sich auf der Seite mit der Inhaltsangabe eine Beschreibung des Go-Spiels, in der unter anderem behauptet wird, dass Go „eine intensive Meditation“ sein kann. Aber kann Meditation „intensiv“ sein? Und wie kann eine so intensive und angespannte Tätigkeit wie das Go-Spielen eine Art Meditation sein?

Es gibt im Wesentlichen drei Formen der Meditation, allerdings werden diese in den Traditionen, in denen Meditation praktiziert wird, oft und auf verschiedene Art und Weise miteinander vermischt.

Manche betrachten Meditation als eine Möglichkeit, Zugang zu einer anderen Realitätsebene zu finden; vor einigen Jahren sprach man diesbezüglich gern von „veränderten Seinszuständen“. Es liegt wohl nicht sehr nahe, Go-Spielen so aufzufassen.

Andere betrachten Meditation als eine Methode, ein besonderes Verständnis wichtiger Konzepte zu erlangen, indem man seine Aufmerksamkeit auf ein bestimmtes Prinzip lenkt, um dessen Bedeutung besser zu verstehen. Go-Spielen kann dazu führen, dass man das Spiel besser versteht, und in einem gewissen Sinn klärt uns eine intensive Begegnung mit einem Hane (einer Kralle) über ihr Potential auf. Aber an besagter Stelle wollte man wohl auf mehr hinaus.

Die dritte Art der Meditation ist besonders charakteristisch für die Zen-Tradition und wird oft als ein Eintauchen in den gegenwärtigen Augenblick beschrieben. In dieser Tradition wird Meditation als Übung verstanden und was dabei geübt wird, ist wie man leben soll. Diese Art des Meditierens scheint dem Go-Spielen am ähnlichsten und so ist es kein Zufall, dass Go-Spielen unter den alten Zen-Meistern eine beliebte Metapher für eine erleuchtete Art des Lebens war.

Die häufigste Form der Zen-Meditation ist das Sitzen. Anfänger fragen in der Regel, was sie tun oder was sie denken sollen, während sie sitzen, und die Lehrer antworten dann gerne: „Nichts". Das mag jedoch in die Irre führen. Ein hilfreicherer Vorschlag wäre, die eigenen Atemzüge zu zählen, „einfach atmen" wäre aber vielleicht noch besser.

Worum es geht, ist eine Tätigkeit achtsam auszuführen, ohne sich selbst als von der Tätigkeit getrennt wahrzunehmen. Das geht leichter anhand einer einfachen Tätigkeit, wie schlichtem Dasitzen.

Die meisten unserer Gedanken kreisen um Dinge, die vorbei sind (die Fehler von gestern) oder die noch nicht geschehen sind (die Unwägbarkeiten von morgen). Deshalb ist Nachdenken so oft das beste Beispiel dafür, *nicht* im gegenwärtigen Moment zu sein.

Es ist leicht, Go als eine Art Meditation zu verstehen, wenn es bei Meditation darum geht, sich so in der gegenwärtigen Tätigkeit zu vertiefen, dass wir zwischen uns selbst und der Tätigkeit keine Trennung wahrnehmen – schließlich besteht unser Selbst ja vollständig aus unseren Tätigkeiten. Es passiert häufig, dass man sich so sehr ins Spiel vertieft, dass man darüber hinaus nichts mehr wahrnimmt. Man vergisst seine Sorgen, man hört auf, sich auszumalen, was morgen passiert, und nimmt sich selbst nur noch als das dynamische Zusammenspiel der Steine wahr. Man spürt den Druck eines Boshi, dehnt sich erleichtert von einer Annäherung aus, zittert vor dem Potential einer Kralle. Man ist das Spiel.

Diese Art der Selbstversunkenheit gehört bei vielen Tätigkeiten dazu, vor allem beim Sport (und beim Sex, worauf einzugehen ich mir hier verkneifen möchte). Worin liegt die Besonderheit beim Go?

Zunächst einmal ist es so, dass man sich beim Go-Spielen – anders als etwa beim Nachdenken mit geschlossenen Augen über ein abstraktes Prinzip – nicht aus der Welt um einen herum zurückzuziehen pflegt. Deshalb schließt man beim Zen-Sitzen auch nicht die Augen, oder trägt Ohrstöpsel. Weil der gegenwärtige Moment die konkrete Tätigkeit ist, aus der die Welt gerade besteht, verlangt die Versenkung darin, dass man sich nicht zurückzieht. Das gilt allerdings für andere Spiele und sportliche Aktivitäten genauso.

Was Go von den meisten anderen Tätigkeiten unterscheidet, ist die spezielle Art des sozialen Miteinanders, die es ausmacht. Zur wirklichen Welt gehört eine Gemeinschaft Anderer, und das Geschehen in der Welt besteht aus einem komplexen Zusammenspiel, nicht aus dem Wirken Einzelner, und ist nicht grundsätzlich feindselig. Aus uns gemeinsam besteht die Welt. Vernichten wir andere, so vernichten wir deshalb auch immer uns selbst.

Das macht Go so besonders. Aufgrund des Vorgabesystems sind Gewinnen und Verlieren nicht annähernd so wichtig wie die Qualität des Spiels. Nicht nur liegt das Augenmerk auf der unmittelbaren Tätigkeit, anstatt auf ihrem zukünftigen Ergebnis, es handelt sich auch um eine grundlegend kooperative Tätigkeit. Beim Go-Spielen lässt man sich intensiv auf einen komplexen und faszinierenden Prozess ein, in dem Trennungen zwischen einem selbst und Anderen, sowie einem selbst und der Welt, als das erfahren werden, was sie sind: als Illusionen.

Gehen wir also intensiv meditieren und üben wir, recht zu leben.

American Go Journal XXXV, 4 und XXXVI, 1 (Herbst 2001/ Winter 2002), 14

No Go

Dieser Text enthält einen Ratschlag, den ich selbst nach wie vor lernen muss zu beherzigen, vor allem da, wo es um Steine geht, deren Zukunft düster aussieht. Es hat etwas sehr befriedigendes, ein halbes Dutzend Steine aufzugeben und danach besser dazustehen, als wenn man sie gerettet hätte. Immer wieder Dinge verlernen zu müssen ist eine der interessantesten Facetten des Go-Spiels.

Jeder kennt den Spruch „Sag einfach nein!" als umstrittene Richtlinie für soziale Praktiken wie den Gebrauch von Drogen oder Sex unter Unverheirateten. Überraschenderweise kann diese Richtlinie beim Go-Spielen sehr hilfreich sein. Eine widerstrebende Grundhaltung gegen „natürlich" erscheinendes Verhalten kann der Schlüssel dazu sein, stärker zu werden.

Wie bei vielen Tätigkeiten erscheint beim Go im Allgemeinen das als natürlich, woran man sich gewöhnt hat, das heißt, was man auf der Spielstärke, die man gerade innehat, für gewöhnlich tut. Will man also stärker werden, muss man lernen „einfach nein zu sagen".

Schon vor dem ersten Zug sollte man damit anfangen, „Nein!" zu sagen. Das heißt, man sollte seinen gewohnten Neigungen widerstehen, was die eigene Herangehensweise ans Spiel angeht. Spielt man gerne gleich auf Gebiet? Dann spiele man auf die 4-4-Punkte und plane ein schnelles Angriffsspiel. Spielt man mit Schwarz immer Sanren-Sei? Dann probiere man die chinesische Eröffnung aus, um eine neue Sichtweise zu entwickeln. Beantwortet man jeden Annäherungszug an einen Stein, der auf 4-4 steht? Dann spiele man woanders und lerne, mit Annäherungen von beiden Seiten umzugehen. Die Liste an Alternativen, die man ausprobieren kann, um aus den eingefahrenen Angewohnheiten auszubrechen, guten wie schlechten, ist endlos.

Gelegenheiten, „nein!" zu sagen, gibt es im Eröffnungsspiel reichlich. Wir alle wissen, dass man eine Eröffnung auf dem Brettmittelpunkt nicht grundsätzlich widerlegen kann, aber niemand spielt sie. Warum probieren wir sie nicht aus? Warum fangen wir nicht in der Mitte einer Seite an und probieren aus, ob es uns gelingt, dadurch einen Vorsprung zu erzielen, ohne uns dabei in vertraute Muster zurückfallen zu lassen? Ich erinnere mich, wie Yuan Zhou, ein AGA 7. Dan, einmal sagte, dass es zu einem interessanten Spiel führt, wenn man seine ersten beiden Züge auf 3-5-Punkten spielt, da das ungewohnte Bild den anderen Spieler verwirren wird und man Gelegenheit bekommt, seine Fähigkeit zu testen, aus neuen Formen Kapital zu schlagen. Der einzige Weg, im Go besser zu werden, ist neue Formen zu lernen. „Nein" zu sagen zu eingefahrenen Verhaltensweisen bedeutet eigentlich, „ja" zu sagen zu neuen Ideen.

Es gibt viele taktische Situationen, in denen „nein!" zu sagen gut funktionieren kann. Man darf natürlich nicht dumm sein – manchmal gibt es keine Alternative, aber zumindest sollte man daran denken, „nein!" zu seinem ersten Reflex zu sagen. Wenn zum Beispiel der Gegner das nächste Mal einen Peep an die Lücke zwischen zwei unserer Steine spielt, nicht einfach automatisch auf die einfachste Art verbinden! Schauen wir uns um nach einer Alternative. Vielleicht gibt es etwas Größeres, oder vielleicht kann man durch einen Angriff auf eine Schwachstelle in der Nähe indirekt verbinden. „Nein!" zu sagen zu Zügen, die man für gewöhnlich ohne nachzudenken macht, kann einen womöglich auf ein ganz neues Spielniveau heben.

Schwächeren Spielern hilft dies besonders in Situationen, in denen sie versuchen, schwache Steine zu retten. Nicht einfach automatisch versuchen, Steine zu retten, die weit laufen müssen, um zu leben! „NEIN!" ausrufen, „ich werde sie nicht retten", und woanders nach einem großen Zug suchen, der den Verlust ausgleicht. Oft wird der andere Spieler einen oder zwei weitere Züge machen, um die Steine zu fangen, dann erhält man weitere Gelegenheiten, entsprechenden Ausgleich zu erlangen. Auf diese Weise beginnt man allmählich, über das Spiel im Hinblick auf das „ganze Brett" nachzudenken, anstatt nur über jede Gruppe für sich.

Worum es hier vor allem geht, ist gewohnheitsmäßiges Spiel zu vermeiden und sich ins Gedächtnis zu rufen, auf welche Spielstärke einen die jetzigen Gewohnheiten gebracht haben. Ihnen zu widerstehen, oder zumindest nach Alternativen Ausschau zu halten, führt sehr wahrscheinlich zu besserem Spiel und außerdem zu spannenderen Partien.

Eine weitere Ebene dieser Idee hat damit zu tun, wie man sich nach einer Partie fühlt. Das nächste Mal, wenn man ein Spiel verliert, sage man einfach „nein!" dazu, sich schlecht zu fühlen. Man bringe sich zu einem Lächeln, ja einem Lachen, und gratuliere dem Mitspieler herzlich. Es ist schwer, sich schlecht zu fühlen, während man sich so verhält, und man wird möglicherweise merken, dass man so viel mehr davon hat.

Nicht aufgeben! Den „natürlichen" Zwängen widerstehen, die einen davon abhalten, höhere Ränge zu erreichen, und die die Freude am Spiel bremsen. Zu lernen, „nein!" zu sagen, kann dramatische Auswirkungen auf unser Spiel haben.

American Go Journal XXXVI, 3 (Summer 2002), 10

Go als Geschichte

Als ich den Text über Go als Kunst schrieb (Nr. 10, über vier Jahre früher) und die Frage aufwarf, welcher der Künste Go wohl am meisten ähnelt, war ich nicht auf die Idee gekommen, das Spiel mit einem Roman zu vergleichen.

Eine Go-Partie ist eine Geschichte, eine Art vielschichtiger Krimi, mit einer Handlung voller überraschender Entwicklungen und einem Ende, das trotz ausgiebiger Indizien während ihres Verlaufs oft unerwartet ist. Wie eine Geschichte hat sie einen Anfang, einen Mittelteil und einen Schluss, mit einer Erzählstruktur, die alles andere als banal ist. Die Steine und Gruppen sind die Figuren, und während die Geschichte sich entwickelt, entwickeln auch sie sich auf vielerlei Art. Es gibt Drama und Spannung, zuweilen Horror, wundersame Rettungsaktionen und heimtückische Attacken.

Einer Partie zuzuschauen kann fast so viel Spaß machen, wie selbst zu spielen. Man ist gefesselt vom Versuch, herauszufinden, was als nächstes geschehen wird, wenngleich das Geschehen ganz in den Händen der Autoren liegt, also der Spieler.

Am Anfang wird ein grobes Handlungsszenario entworfen, das Hinweise liefert darauf, wo es voraussichtlich turbulent wird und wo wir friedliche Entwicklungen erwarten können.

Dann beginnen die Figuren tatsächlich zu interagieren, sowohl miteinander als auch mit den Strukturen ihrer Umgebung. Manchmal taucht eine Figur, die sanft und auf leisen Sohlen die Bühne betreten hat, plötzlich im Zentrum der Handlung wieder auf, mit verheerenden Auswirkungen. Oder eine laut auftretende, angriffslustige Figur verliert ihren Schwung und stellt sich als Fehlalarm heraus. Wir bekommen allmählich ein Gespür dafür, welche Figuren zu groß werden und in sich zusammenzufallen drohen, und welche stark werden und voraussichtlich großen Einfluss auf den Verlauf der Geschichte haben werden. Gleichzeitig erweist sich, dass manche der Figuren fatale Fehler haben oder einfach eine generelle Schwäche, die sie davon abhält, eine entscheidende Rolle zu spielen, es sei denn als Zielscheibe für die Aktionen von anderen.

Jetzt tritt die Geschichte in die Phase ein, in der die offenen Stränge zusammengeführt werden und die Beziehungen zwischen den Hauptfiguren sich auskristallisieren. In manchen Partien ist das schlussendliche Resultat der Handlung selbst in dieser Phase noch unklar und so grübeln wir nach über die Eigenheiten der Figuren und untersuchen die Details ihrer möglichen Einflussnahme aufeinander. Dann wird das Geheimnis gelüftet und wir finden heraus, wie alles endet.

An dieser Stelle beginnen wir oft eine neue Partie (und eine neue Geschichte), aber ich möchte noch ein wenig reflektieren, was wir daraus lernen, wenn wir uns eine Go-Partie als eine Geschichte vorstellen.

Geschichten haben einen Sinn. Wir können darüber reden, worum es in einer Geschichte geht, und damit etwas anderes meinen als lediglich den Inhalt der Handlung und wie sie endet. Ebenso ist es möglich, eine Geschichte mit Vergnügen zu lesen und dabei ihre tiefere Bedeutung oder ihren Sinn zu verfehlen.

Mein Lieblingsbeispiel dieser Art der Fehlinterpretation ist die Geschichte vom Weihnachtsmann. Egal wen wir fragen, was die Geschichte bedeutet, wir werden hören: Wenn man brav ist, bekommt man viele schöne Sachen. Wir erzählen für gewöhnlich unseren Kindern die Geschichte und sagen dann: Sei brav, dann bringt dir der Weihnachtsmann viele Geschenke. Das ist jedoch eindeutig die falsche Botschaft. Brav zu sein garantiert natürlich nicht, dass man schöne Dinge bekommt, sei es in einem materiellen Sinn, oder einem nicht materiellen. Darüberhinaus verfehlt diese Lesart die wahre und starke Botschaft der Geschichte, nämlich dass man auf den eigenen Wohlstand mit Großzügigkeit reagieren soll. Der Weihnachtsmann hat enorme Ressourcen. Seine Reaktion darauf ist es, viele Dinge herzustellen, um sie verschenken. Was das bedeutet? Dass wir es genauso machen sollten.

Und worin liegt nun die Bedeutung von Go, als Geschichte? Die meisten Leute denken offenbar, es gehe dabei nur ums Gewinnen und Verlieren. Als einer der Autoren der Geschichte gefällt sie ihnen sehr, wenn sie gewinnen, und überhaupt nicht, wenn sie verlieren. Und sie denken, das sei alles, worum es geht. Aber dem ist sicher nicht so.

Eine Go-Partie ist wie eine gut geschriebene Geschichte, vor allem wenn es den Spielern gelingt, keine groben Schnitzer zu machen. Wenn man so eine Geschichte liest, möchte man eigentlich gar nicht, dass sie endet, weil man so viel Freude daran hat, wie sie erzählt wird. Das Ende ist in gewisser Weise eine Enttäuschung, weil man sicher nicht deshalb immer weiter liest, um dort anzukommen. Go ist die Art von Geschichte, deren Wert vor allem im Vorgang ihres Lesens oder ihres Verfassens liegt, nicht in deren Abschluss.

Und das sagt uns etwas über den Zweck, über die Bedeutung des Go-Spiels. Es geht nicht darum zu gewinnen oder den eigenen Rang zu verbessern. Es geht darum, mit jemand anderem Freude an einer gemeinsamen Tätigkeit zu haben, die man ohne die Mithilfe des Anderen nicht ausführen könnte. Wenn wir also eine Partie beginnen, sollten wir nicht denken „Hoffentlich gewinne ich", sondern „Hoffentlich können wir eine gute Geschichte schreiben".

American Go Journal XXXVI, 4 und XXXVII, 1 (Herbst 2002/ Winter 2003), 11

DAS LEERE BRETT 26

Immer nur einen Zug

Dies ist der erste Text der Reihe Das leere Brett, *der für das E-Journal der AGA verfasst wurde. Das völlig andere Medium verlangte eine deutliche Kürzung der Textlänge. Dies wiederum führte zu einer starken inhaltlichen Verdichtung. Ich mag dieses Format, allerdings schränkt es die Bandbreite der Themen ein, die ich behandeln kann.*

„Pass auf!" – Wenn wir das hören, dann lenkt das unsere Aufmerksamkeit normalerweise auf irgendeinen kleinen Teil eines größeren Ganzen. Aufmerksam oder „bei der Sache" zu sein scheint demnach zu bedeuten, unseren Blickwinkel auf einen hell erleuchteten Punkt zu verengen, und so kommt es, dass wir glauben, dass das Konzept des „Da-seins im gegenwärtigen Moment" verlange, dass wir dabei unseren Horizont verkleinern. So ist es jedoch keineswegs gemeint, und Go zu spielen kann uns dabei helfen, zu verstehen, warum.

In den letzten Monaten bin ich ein großer Fan von einer Art Brief-Go geworden, welche übers Internet gespielt wird. Man macht einen Zug, und die Webseite informiert den Gegner per E-Mail, dass er am Zug ist. Jeder Spieler hat eine festgelegte Zeit, meist einige Tage, um zu antworten. Immer nur einen Zug zu machen, mit diesem vergrößerten Zeitrahmen, fördert einen Blick auf das Spiel, der uns an einem realen Brett leicht abhanden kommt, nämlich den fürs Ganze.

Da man meist mehrere Partien gleichzeitig laufen hat, muss man jedes Mal, wenn man zu einer Partie zurückkehrt, innehalten und sich einen Überblick über das Brett verschaffen, um sicher zu gehen, dass man sich noch daran erinnert, was los ist. Anders als beim Spiel am realen Brett, wo man sich in lokalen Kämpfen verstricken und das Gesamtbild aus den Augen verlieren kann, wird man bei Brief-Go permanent darauf gestoßen, auf das zu achten, was in der Welt einer Partie insgesamt vor sich geht.

Und das ist es, was damit gemeint ist, wirklich „in der Gegenwart da zu sein" in einer Partie: nicht sich in einem lokalen Kampf zu verlieren, sondern sich der Gesamtsituation und der unzähligen Querverbindungen und Möglichkeiten in ihr genau bewusst zu sein. Da sich der Kosmos einer Go-Partie ins Unendliche erstreckt, kann man natürlich, genau wie im Leben, nie zu einem umfassenden Verständnis des Ganzen kommen. Aber es ist sehr wichtig, zu erkennen, dass „aufpassen“ erfordert, seinen Horizont zu erweitern, nicht zu verengen. Auch wenn man an einem realen Brett sitzt, sollte man also vor jedem Zug tief durchatmen, den Blick schweifen lassen und versuchen, wirklich im Spiel zu sein.

American Go E-Journal, 23. Dezember 2002

Wenn die Revolution kommt

Ich trage gerne das T-Shirt, von dem in diesem Artikel die Rede ist. Passenderweise ist es leuchtend rot. Das Zitat ist echt, Che sprach allerdings über Fußball, nicht über Go.

„Kein einfaches Spiel, sondern eine wichtige Waffe in der Revolution."

Diese Aussage wird Che Guevara zugeschrieben, dem Arzt, der zum Revolutionär wurde, und der in den 1960ern Diktatoren in Cuba und ganz Mittelamerika den Kampf ansagte. Sie steht auf einem T-Shirt, das die Leute von *www.philosophyfootball.com* haben drucken lassen, einer englischen Webseite für Fußballfans. Bei der Aussage musste ich natürlich an Go denken, das in so vielen Leben eine revolutionäre Kraft entwickelt.

Dieses „einfache Spiel" hat es in überraschendem Ausmaß in sich. Wir werden nicht einfach nur danach süchtig, es macht aus uns auch bessere Menschen. Wenn mehr Menschen Go spielen würden, wäre die Welt sicher ein besserer Ort. Ich erinnere mich noch genau daran, wie beeindruckt ich war, als ich erfuhr, dass man beim Nihon Kiin ganz ernsthaft für Go als Mittel für die Schaffung des Weltfriedens wirbt.

Eine revolutionäre Kraft verändert das Denken der Menschen, wie auch ihr Handeln. Go-Spielen tut mit Sicherheit beides. „Hab einen Plan, aber sei flexibel." „Beachte die Lage im Umfeld." „Gib deinem Gegner etwas ab." Solche Ansätze gehen Go-Spielern in Fleisch und Blut über, finden sich in anderen Kreisen jedoch viel zu selten.

Um ein besserer Spieler zu werden, brauche ich stärkere Gegner, also gebe ich mein Bestes, dich zu einem besseren Spieler zu machen. Damit ich gewinne, musst du nicht vernichtet werden. Wie wäre wohl die Welt beschaffen, wenn diese Art Einstellung unseren Mitstreitern gegenüber verbreiteter wäre. Anstatt in „böse" Länder einzumarschieren, sollten wir ihren Herrschern vielleicht lieber Go beibringen.

Das nächste Mal, wenn wir Kindern an der örtlichen Grundschule eine Einführung in Go geben, also daran denken: Das ist nicht nur ein einfaches Spiel.

American Go E-Journal, 6. Januar 2003

Die Macht der Mauer

Aufgrund der Herausgabe des E-Journals *in wöchentlichem Rhythmus wurden die Pausen zwischen den Artikeln viel kürzer, und* Das leere Brett *erschien ein- oder zweimal im Monat anstatt drei- oder viermal im Jahr. Seither muss ich mich viel seltener wiederholen, aber ich mache mir immer noch Sorgen um die vielen neuen Leser, die mit dem Ansatz der Kolumne nicht vertraut sind.*

Sprache formt die Art und Weise, wie wir die Welt wahrnehmen, und nichts hat dabei größeren Einfluss als Metaphern. Dies gilt für Go genauso wie für die Liebe, die Politik und den Krieg. Ein hervorragendes Beispiel dafür ist eine Metapher, die James Kerwin oft verwendet. In Diskussionen über Spielstile spricht er gern vom „Machtspiel".

Kerwin bezieht sich hier auf ein Phänomen, das oft als „Dicke" bezeichnet wird. Dabei geht es, wie wir wissen, um Gruppen von Steinen, die keine Basis am Rand haben, aber gut verbunden sind und einen offenen Bereich in der Brettmitte begrenzen. So eine Formation kommt gewöhnlich so zustande, dass man dem Gegner erlaubt oder ihn dazu ermuntert, am Rand Gebiet zu nehmen, wogegen man selbst „Einfluss" in Richtung Brettmitte erhält. Die so entstandene Steinformation wird oft „Mauer" genannt. Kerwin möchte die „Mauer" als „Macht" bezeichnen. Welchen Unterschied macht das?

Wie wählen wir Metaphern? Eine „Mauer" ist eine starke Struktur, die fast jedem Angriff standhält, jedoch ist das ein statisches Bild. Man stellt sich eine Mauer leicht als eine Seite eines Bauwerks vor, oder eines Territoriums. Diese Sichtweise wird von stärkeren Spielern allerdings durchweg abgelehnt: „Verwende Dicke nicht, um Gebiet zu machen." Was geschieht, wenn wir diese Struktur als „Macht" bezeichnen? Dies ist ein dynamischer Begriff. Macht ist etwas, das wir einsetzen, um effektiver und durchsetzungsfähiger handeln zu können, und darum geht es: Dicke verwendet man, um anzugreifen. Bei „Macht" kann man sich leicht vorstellen, wie man auf die Stellungen des Gegners einprügelt, Schwachpunkte ausnutzt und tiefer eindringt, da man eine so mächtige Hinterhand hat. So zu denken macht unser Go viel effektiver und spannender.

Hören wir also auf, Mauern zu bauen, streben wir nach MACHT!

American Go E-Journal, 20. Januar 2003

Mit Dämonen spielen

Manche Leser waren erschrocken über meinen Vorschlag, man solle den Gegner dämonisieren. Es ist wichtig, sich daran zu erinnern, dass in der tibetanischen Tradition die Dämonen für die Guten kämpfen. Sie verscheuchen böse Kräfte, von denen natürlich die meisten in uns selbst lauern.

Ich lese gerade einen wunderbaren Krimi, der in Tibet spielt, in dem einer ihrer berühmten Dämonen eine große Rolle spielt (*The Skull Mantra*, von Eliot Pattison, dt.: *Der fremde Tibeter*). Der tibetanische Buddhismus unterscheidet sich in vielerlei Hinsicht von der Zen-Tradition, nicht zuletzt in seinem Reichtum an Dämonen. Die tibetanischen Dämonen sind immer äußerst furchterregend und neigen zu einem sehr gewalttätigen Umgang mit Menschen.

Der entscheidende Punkt, den man sich merken muss, ist, dass sie es immer auf die Bösen abgesehen haben. Die Dämonen sind in der Tat auf der Seite derer, die sich mühen, nach den Lehren des Buddha zu leben, und sie sind dazu da, einem bei der Überwindung negativer Einflüsse zu helfen. Das legt eine nützliche, wenn auch ungewöhnliche Weise nahe, sich den Gegner beim Go vorzustellen.

Es ist ganz normal, dass man am Anfang einer Partie etwas nervös ist, besonders in einem Turnier, wo das Ergebnis das Rating beeinflussen kann. Der Gegner macht uns also ein wenig Angst. Warum ihn nicht richtig furchteinflößend werden lassen? Stellen wir ihn uns als schreckenerregenden Dämon vor, der enorme negative Energie ausstrahlt, der gewaltige Zerstörung androht.

Dann denken wir daran, dass all die negative Energie auf die schlechten Angewohnheiten und Flüchtigkeitsfehler gerichtet ist, die unsere Partien immer wieder verderben, und freuen uns darauf, dass unser Dämon sie hinwegfegt. Vielleicht kann ein wenig Furcht vor der wilden Grausamkeit unserer dämonischen Gegner dabei helfen, die Konzentration aufrechtzuerhalten, um so gut zu spielen, wie wir können. Bevor wir also den ersten Stein setzen, werfen wir einen

Blick auf unseren Gegner und stellen uns vor, wie er uns einen Arm abreißt, wenn wir einen schwachen Zug machen. Das tut bestimmt nicht weh.

American Go E-Journal, 4. Februar 2003

Sprachspiele

Das Thema Sprache und Metaphern zieht sich durch mehrere Artikel. Die Diskussion der Rolle und Natur von Sprache ist in der zeitgenössischen englischsprachigen Philosophie ein sehr heißes Thema, daher ist mein Interesse daran ganz natürlich.

Der Philosoph Ludwig Wittgenstein sagte einmal, die Grenzen unserer Sprache seien die Grenzen unserer Welt. Darin liegt viel Wahrheit. Es ist sehr schwierig, einen klaren Begriff von Dingen zu haben, für die uns die Worte fehlen, um über sie zu reden. Wie fast alle interessanten Gedanken ist auch dieser auf Go anwendbar.

Vor einiger Zeit war es so, dass amerikanische Go-Spieler in der Regel versuchten, so viele japanische Go-Ausdrücke wie möglich zu erlernen. Für einige war dies eine effektive Methode, andere Spieler einzuschüchtern, aber es wurde so auch möglich, über das Spiel mit einem Grad an Präzision zu reden, der einem sonst verschlossen blieb. Ein paar japanische Ausdrücke haben sich zwar als unverzichtbar herausgestellt, wie etwa Hane, Ko, und Atari, aber für so manche japanischen Ausdrücke verwenden wir heute englische [bzw. deutsche] Übersetzungen, wie „Mangel an Freiheiten“ statt „Damezumari“. Viele andere nützliche Ausdrücke wurden jedoch einfach wieder fallengelassen. Daraus hat sich ein Problem ergeben.

Uns fehlen natürlich nicht japanische Ausdrücke, aber wir brauchen einen einigermaßen komplexen Go-Wortschatz. Betrachten wir etwa Ko. Ohne Begriffe, die verschiedene Arten von Ko unterscheiden, gerät unser Denken leicht in Verwirrung und unser Spiel wird schlecht. Viele Spieler haben keine Ausdrücke für verschiedene Arten von Kos zur Verfügung, und fassen daher leicht alle Kos als einander grundsätzlich ähnlich auf. Das ist ein großer Fehler. Es gibt Kos, in denen beide Spieler dem gleichen Risiko ausgesetzt sind (ausgeglichene Kos), und es gibt einseitige Kos („Blumenschau“-Kos), also Kos in denen für den einen kaum etwas auf dem Spiel steht, der andere jedoch sehr viel zu verlieren droht. So eines zu finden, kann es einem ermöglichen, ein verlorenes Spiel zu gewinnen. Dann gibt es Kos, bei denen man dem anderen Spieler mehr als zwei Züge an anderer Stelle in Folge geben muss, um sie zu gewinnen, üblicherweise „Annäherungs"-Kos genannt – eine sehr teure Art von Ko, wenn man es gewinnen muss, um im Spiel zu bleiben. Wenn wir in unserem Wortschatz diese Unterscheidungen klarmachen, ist es viel wahrscheinlicher, dass wir auch in unseren Partien den Unterschied bemerken.

Verbessern wir also unseren Wortschatz, wenn wir unser Spiel verbessern wollen!

American Go E-Journal, 24. Februar 2003

Go-Metaphern

Wenn wir über Go reden, verwenden wir häufig Metaphern. Über sie nachzudenken und die Etymologie derer zu erkunden, die nicht englisch [bzw. deutsch] sind, ist faszinierend. Was den Ausdruck Geta *angeht, so sind es wohl die Riemen, die die Sandale am Fuß halten, die das betreffende Bild ergeben.*

Einer der interessanten Aspekte der Go-Terminologie ist der Gebrauch von Metaphern. Metaphern können amüsant sein, sie können aber auch dabei helfen, Dinge besser zu verstehen oder sich Dinge besser zu merken. Manchmal erhellen sie eine Situation deutlicher als es eine ausführliche Erklärung könnte. Zum Beispiel:

Aji: Dieser Ausdruck bezieht sich auf das latente Potential in einer Stellung, in der es meist einen oder zwei Steine gibt, für die kaum eine Hoffnung besteht, außer der, dass sich aus ihnen später eine Drohung entwickeln könnte. Die meisten von uns wissen, dass dieses japanische Wort „Geschmack“ bedeutet. Das ist eine herrliche Metapher. Stellen wir uns ein winziges Häppchen vor, das uns zwar kaum satt machen wird, uns aber einen angenehmen Moment bescheren könnte, und wir werden vermutlich weniger dazu neigen, zu vergessen, dieses Potential zu nutzen.

Fuseki: Viele Spieler glauben, dieses Wort bedeute „Eröffnung“, aber das tut es nicht. Es bedeutet „Steine verteilen“ und bezieht sich nicht auf die Eröffnungsphase einer Partie, sondern auf die Art des Spielens, die der Eröffnungsphase angemessen ist. Vielleicht hilft die Kenntnis dieser Definition dabei, Anfangszüge zu vermeiden, die zu klein sind: Besser Steine verteilen in den großen, offenen Bereichen, bevor es der Gegner tut.

Geta: Wir verwenden „Netz“ anstelle dieses japanischen Ausdrucks und das ist eine sehr effektive Metapher, die uns an eine Art des Fangens erinnert, die uns die Situation retten kann, wenn eine Treppe nicht funktioniert. Tatsächlich bezieht sich das Wort auf eine traditionelle Fußbekleidung, die aus steifen hölzernen Brettchen besteht, und die aussieht wie die Formation, die beim Fangen mit einem „Netz“ entsteht.

Quetschen: Eine schöne Metapher für eine Zugfolge, die die Freiheiten einer Gruppe reduziert und uns erlaubt, einige Steine zu fangen oder zumindest etwas Profit in Vorhand zu machen. Wenn wir eine kleine Gruppe mit wenig Freiheiten sehen, sollten wir immer denken: „Quetschen.“

Go: Eine schöne Metapher fürs Leben.

American Go E-Journal, 10. März 2003

Das Spiel in einem lauten Raum

Dieser Artikel löste eine ungewöhnliche Anzahl von Rückmeldungen aus. Das Problem ist so alltäglich, dass jeder einen Weg finden muss, damit umzugehen.

Die Meditation des Zen-Sitzens ist eine Art des Da-seins im gegenwärtigen Moment. Da man sie gewöhnlich an einem stillen, ruhigen Ort ausübt, glauben viele Leute, dass „im gegenwärtigen Moment dasein“ etwas ist, was man nur in einer friedvollen Umgebung mit leisen natürlichen Klängen, wie einem plätschernden Bach, tun kann. Das ist falsch.

Die Meditation im Sitzen erlaubt einem zu üben, auf eine Art und Weise in der Welt da zu sein, die man dann hofft, in weniger ruhigen Momenten aufrufen zu können. Wenn man die Technik beherrscht, ist man in der Lage, klare und umfassende Aufmerksamkeit zu erlangen für das, was um einen geschieht, die das, was da ist, annimmt, so wie es ist, und die sich lenken lässt, wie man will. Für den Zen-Meister gibt es keine „Ablenkungen“, weil alles als Teil des gegenwärtigen Moments akzeptiert wird. Man meditiert an einem ruhigen Ort, weil es leichter ist, nicht weil es für die Tätigkeit notwendig ist.

Oft ist Go-Spielen wie Meditation im Sitzen, aber was ist, wenn der Gegner in den Steinen in seiner Dose rührt, oder wenn die Spieler nebenan anfangen, ihre Partie zu besprechen? Wenn das geschieht, empfinden es die meisten von uns als sehr ablenkend und können sich nicht mehr aufs Spiel konzentrieren.

Warum lenken solche Dinge so ab? Das sind nur Geräusche, ein normaler Teil der Umwelt. Das Geräusch, das ein Stein macht, der aufs Brett gesetzt wird, lenkt nicht ab, warum schenken wir also solchen Dingen unsere Aufmerksamkeit? Wenn wir die Kunst der Konzentration aufs Spiel, wenn es im Raum still ist, näher betrachten, können wir vielleicht daraus lernen, wie wir sie aufrechterhalten, wenn noch anderes vor sich geht. Im Jetzt da zu sein setzt nicht voraus, Dinge aus der Welt auszublenden, sondern das zu akzeptieren, was da ist, ohne die Kontrolle über unsere Konzentration zu verlieren. Geräusche können deshalb unsere Aufmerksamkeit auf sich ziehen, weil wir nicht gut genug gelernt haben, unserer Denken zu kontrollieren. Lassen wir die Geräusche einfach an uns vorbeigleiten und bleiben wir im Spiel.

Das wird wohl ein wenig Übung erfordern.

American Go E-Journal, 21. April 2003

Wissen kann schaden

Dieser Artikel wurde inspiriert von einer verblüffenden Taktik von Lee Sedol, damals 6. Profi-Dan und einer der besten Spieler der Welt. Die Treppe lief über das ganze Brett und ergab sich recht früh in der Partie. Sein Gegner musste schließlich aufgeben. Es handelt sich um eine tolle Partie zum Nachspielen. Man findet die Mitschrift in der Sammlung auf Alexandre Dinerchteins Webseite http://www.go4go.net/.

„Kennst du die Treppe nicht, kennst du Go nicht" ist ein bekanntes Sprichwort, aber nun gibt es auch einen Folgesatz: „Kennst du die Treppe, kennst du Go vielleicht noch immer nicht".

Viele Go-Spieler waren ziemlich verblüfft von Lee Sedols Opfer in seiner Partie im koreanischen KAT-Pokal am 23. April (im Anhang des *E-Journals* vom 5. Mai), als er eine Treppe ausspielte, für die es bereits einen Treppenbrecher gab. Jeder Go-Spieler weiß, dass wenn es einen Treppenbrecher gibt, man entweder den Stein nimmt oder den Treppenbrecher angreift. Die Treppe laufen lassen tut man sicher nicht.

Was sollen wir also davon halten, wenn einer der stärksten Spieler der Welt etwas tut, von dem selbst mittelmäßige Amateure wissen, dass man es nicht tun sollte – und auf diese Weise die Partie gewinnt?

Wir tun folgendes: Wir freuen uns am Zauber des besten Spiels, das es gibt. Vielleicht gibt es wirklich keine Grenzen an Möglichkeiten in diesem Spiel, keine in Stein gemeißelten Prinzipien korrekten Spiels: nur eine unerschöpfliche und wundersame Welt von Gestaltungsmöglichkeiten und eine endlose Herausforderung unserer schöpferischen Vorstellungskraft.

Buddhisten bestehen auf der Ansicht, dass die Welt in uneingeschränktem Sinne offen ist. Nichts steht absolut fest, also ist alles möglich. Lee Sedol hat gezeigt, dass das auf Go sicher zutrifft.

Bleiben wir also flexibel und erfreuen uns an den Überraschungen!

American Go E-Journal, 13. Mai 2003

Vom Umgang mit Niederlagen

Manche dieser Texte richten sich nicht zuletzt an mich selbst. Als ich diesen Artikel schrieb, wollte ich noch einen zweiten übers Gewinnen hinzufügen, aber es dauerte über ein Jahr, bis er tatsächlich erschien. Und das Format des E-Journals *drängt mich dazu, die Artikel noch kürzer zu machen.*

Du verlierst also nicht gern? Wenn du so etwas einem Zen-Meister erzählst, rollt der vor Lachen von seiner Meditationsmatte.

Er würde folgendes sagen: Denk an die Gesamtsituation, und an die Tatsache, dass wir alle in einer letztlich untrennbaren Weise mit allem verbunden sind, genau wie die Steine auf dem Brett. Wenn eine Partie zu Ende ist, hat jemand gewonnen und jemand verloren. Darin ist also sicher zumindest ein glückliches Element enthalten: Die Erfahrung des Gewinnens. Wenn du nun nicht derjenige bist, der gewonnen hat, liegt die Herausforderung darin, herauszufinden, wie du Zugang findest zur glücklichen Seite dieser Situation.

Der Gedanke an sich selbst als Einzelwesen ist dabei nicht sinnvoll. Aus dieser Perspektive bist du nur ein Verlierer, so wie ein Go-Stein nur ein einzelnes Stückchen Stein ist. Auch der Gedanke daran, dass die Partie vorbei ist, ist nicht sinnvoll. Schließlich war das Spielen ja ein positiver Vorgang, nur wie es ausging, macht dir Kummer.

Wenn du eine ganzheitliche Perspektive erlangen kannst, bist du in der Lage, dich wieder mit der positiven Dimension der Erfahrung zu verbinden. Die Methode zur Überwindung dessen, sich selbst als isoliert und frustriert wahrzunehmen, ist sich auf jene Aspekte der Gesamtsituation zu konzentrieren, die man aus den Augen verliert. Zwing dich dazu, dich mit dem Gewinner zu verbinden, gratuliere ihm, lächle, erinnere dich an all die interessanten Drehungen und Wendungen und Interaktionen der Partie, blicke voraus auf spannende Partien, die noch zu spielen sind. Auf einmal wirst du auch dann lachen, wenn du verlierst. Hahahaha!

American Go E-Journal, 26. Mai 2003

Spielen mit Vorgabe

Wenn man oft Anfänger unterrichtet, spielt man zwangsläufig viele Partien mit hoher Vorgabe. Ich habe gelernt, sie wirklich gerne zu spielen, vor allem mit Weiß. Ich spiele viel seltener Schwarz mit hoher Vorgabe und ich gebe zu, dass ich den Druck spüre – die weißen Steine erscheinen in der Tat unverwundbar, egal wie isoliert sie stehen.

Turniere, bei denen man sich seine Gegner selbst sucht, sind nicht besonders beliebt. Da es dem Zufall überlassen bleibt, wer gerade zur Verfügung steht, nachdem man auf so einem Turnier eine Partie beendet hat, kommt es zu vielen Partien mit hoher Vorgabe – und möglicherweise spielen viele Leute ungern Partien mit hoher Vorgabe, wenn diese ihr Rating beeinflussen können.

Interessanterweise ist diese Abneigung gegenüber Partien mit hoher Vorgabe beidseitig. Der schwächere Spieler fühlt sich eingeschüchtert von jemandem, der sechs oder mehr Steine stärker ist, und der stärkere Spieler scheut die Gefahr der Niederlage gegen jemanden, der so viel schwächer ist.

Partien mit hoher Vorgabe sind eine Herausforderung, weil man für sie eine andere Strategie benötigt als für Gleichauf-Partien. Weiß muss versuchen, so viele Komplikationen wie möglich zu schaffen, auf Kosten dessen, allerorts dünn und unsicher dazustehen, und Schwarz muss danach streben, solide zu spielen und schwache weiße Steine bei jeder Gelegenheit anzugreifen.

Theoretisch bedeutet das, dass Weiß viel härter arbeiten muss als Schwarz, aber Weiß ist natürlich viel stärker, also gleicht sich das aus. Tatsächlich ist eine Partie mit hoher Vorgabe eine interessante Herausforderung für Weiß und kann ein berauschendes Abenteuer bieten. Wenn Schwarz durchhält und gewinnt; nun, es ist immer schön zu sehen, wenn ein schwacher Spieler stärker wird. Mit großem Vorsprung zu starten und mit all diesen ungewohnten und unerwarteten Zügen konfrontiert zu werden, ist für Schwarz eine neuartige Erfahrung, und wenn man einmal Gefallen daran gefunden hat, einer schwachen weißen Gruppe zuzuschauen, wie sie um ihr

Leben kämpft, wenn man auf allen Seiten Steine stehen hat, dann genießt man solche Spiele. Auch wenn man verliert, ist es toll, zu sehen, wozu ein starker Spieler in schwierigen Lagen fähig ist.

Hohe Vorgaben machen viel Spaß. Schon allein um eine weitere Dimension des Go zu erleben, sollte man auf Turniere dieser Art gehen.

American Go E-Journal, 2. Juni 2003

Alzheimer vermeiden

Den Anstoß dafür, zu diesem Thema zurückzukehren, gab mir der sehr ermutigende Bericht über die Forschungen zu Schach, der unten erwähnt wird. Hoffentlich werden die Ergebnisse neuster japanischer Forschung zum Einfluss von Go auf Menschen mit Alzheimer und anderen Formen der Demenz bald allgemein zugänglich sein.

Die jüngste Ausgabe des *New England Journal of Medicine* berichtet von stichhaltigen Belegen dafür, dass das Spielen von Brettspielen signifikant das Risiko senkt, an diversen Arten von Demenz zu erkranken, darunter Alzheimer. Das sind natürlich sehr gute Nachrichten, aber der Go-Gemeinde war das bereits bekannt, dank Forschungen unter der Leitung von Yasuda Yasutoshi in Japan.

Obwohl den US-Forschern Go nicht bekannt war, so ist es doch offensichtlich, dass es zu diesem Zweck geeignet ist, es hat jedoch in diesem Bereich noch weitergehenden Nutzen. Seit über einem Jahr betreue ich ein Go-Projekt in Washington, D.C., an einem Zentrum für Menschen, die auf chronische Geisteserkrankung diagnostiziert wurden. Der Einfluss ist dramatisch. Menschen, die normalerweise sehr verschlossen und passiv sind, werden lebhaft und interagieren aktiv sowohl untereinander als auch mit mir, wenn wir in zwei Mannschaften Atari-Go-Partien auf einem großen Demo-Brett austragen.

In so einem Zusammenhang hat Go besondere Vorzüge. Mannschaftsspiele, die alle mit einbeziehen, erlauben einem Leiter, eine große Gruppe durchgehend zu beschäftigen. Darüber hinaus sind die Regeln von Atari-Go sehr einfach, so dass jeder mitmachen kann, auch Leute, die kaum fähig sind, einen Stein auf einen Schnittpunkt zu setzen.

An einer Aktivität teilzunehmen, bei der man mit Anderen zu tun hat, und die einen spannenden und komplexen Ablauf bietet, ist eine gesunde und wohltuende Erfahrung für Menschen, die zu starker Isolation tendieren. Dass das Spiel Menschen so aus sich herausholt, ist einer der offensichtlichsten Nutzen von Go.

Der Bericht im *NEJM* bezog sich auf Menschen ohne Symptome von Demenz, wohingegen die Menschen in meinem Projekt bereits eindeutige Symptome zeigen. Aber darin liegt ein weiterer Vorteil von Go. Um ein Spiel wie Schach zu spielen, muss man geistig ziemlich auf der Höhe sein, Atari-Go kann dagegen jeder spielen. Go bietet also Menschen Hoffnung, für die Schach keine Option ist.

Die Go-Gemeinde sollte mehr Einsatz darauf verwenden, dieses wunderbare Spiel Pflegern beizubringen, die mit Menschen mit geistigen Behinderungen und Beeinträchtigungen arbeiten.

American Go E-Journal, 7. Juli 2003

Meine Lieblingsgegner

Erfreulicherweise sind Beziehungen der Art, wie ich sie hier beschreibe, auch beim Spielen im Internet möglich, allerdings notwendigerweise in etwas eingeschränkterer Form. Dennoch gibt es eine Anzahl Menschen, mit denen ich regelmäßig im Internet spiele, die ich sicherlich zu „meinen Lieblingsgegnern" zählen würde.

An vielen Turnieren teilzunehmen ist unter anderem deshalb reizvoll, weil man Gelegenheit erhält, gegen lauter unterschiedliche Gegner zu spielen.

Gegen jemanden zu spielen, gegen den man noch nie gespielt hat, ist immer interessant. Die Chancen sind sehr groß, dass man es mit etwas Neuem zu tun bekommt, einem anderen Stil, einem ungewohnten Joseki oder einer eigenwilligen Eröffnung. Man ist natürlich ein wenig nervös, aber die Anspannung ist von angenehmer Art.

Dann gibt es die „Baby-Zoomer", die die Ränge hinaufstürmen und manchmal nur kurz innehalten, um einen auf ihrem Weg nach oben zu schlagen. Den berühmten Eric Liu, heute 6. Dan, habe ich verpasst, da er mich übersprang, obwohl wir oft auf den gleichen Turnieren spielten. Ich kam allerdings zu einer Partie gegen Curtis Tang, in seinem allerersten Spiel auf einem US Open, und ich hätte ihn sogar fast geschlagen. Er war damals sechs Jahre alt und ich sechzig Jahre älter, aber wir hatten eine schöne Partie. Jetzt, drei Jahre später, ist er mir natürlich mehr als neun Steine voraus. Ich vermute, die meisten von uns älteren Kyu-Spielern erschrecken fast, wenn es uns gelingt, gegen so einen Jungspund zu gewinnen; die sind einfach unglaublich.

Meine Lieblingsgegner aber sind die, auf die ich regelmäßig treffe, weil wir in etwa gleich stark spielen. Ich weiß überraschend wenig über die meisten dieser Menschen, aber sich mit ihnen auf eine Partie hinzusetzen ist, wie sich mit einem alten Freund zum Plaudern zu treffen. Diese Go-Beziehungen entwickeln sich ganz natürlich aufgrund der besonderen, kooperativen und interaktiven Natur des

Spiels und sie sind einer der Hauptgründe für den hohen Suchtfaktor von Go. Ich vermute, dass dies zum Teil der Grund dafür ist, dass in letzter Zeit die Teilnehmerzahlen bei Turnieren gestiegen sind. Auf Turnieren trifft man seine Freunde.

American Go E-Journal, 25. August 2003

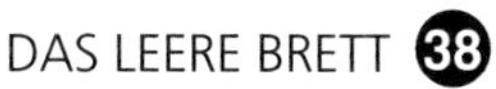

Das volle Brett

Fast ein ganzes Jahr verging zwischen dem Erscheinen dieses Artikels und des vorherigen. Im Jahr 2004 kam ich nur auf fünf Artikel, zwei im Sommer und drei im Dezember. Ich hoffe, dass von 2005 an die Reihe wieder regelmäßiger Bestandteil des E-Journals *wird. Dieser erste Versuch eines Neustarts ist etwas dünn und künstlich geraten.*

Wenn das Brett am Anfang des Spiels leer ist, bedeutet das, dass das Brett am Ende voll ist? Wenn ja, voll womit?

Wenn etwas leer ist, dann fehlt etwas, womit man es füllen kann. Wenn etwa ein Glas leer ist, kann man eine Flüssigkeit hineingießen, bis es voll ist. Wenn ein Raum leer ist, kann man ihn füllen, indem man Leute hineinlässt oder Möbel darin aufstellt. Aber was fehlt auf dem Brett am Anfang einer Go-Partie?

Man könnte vemuten, dass am Anfang einer Partie Steine fehlen und auf einer bestimmten Ebene stimmt das auch. Wir füllen das Brett jedoch nicht auf, das kann es also nicht sein. (Wenn man im Ing-Modus zählt, füllt man es tatsächlich auf, aber das geschieht nach der Partie; es gehört nicht dazu.) Das Go-Brett zu füllen bedeutet also etwas anderes als schlicht Steine darauf zu setzen.

Was am Anfang einer Partie fehlt, sind nicht Steine. Das Brett ist leer, wenn weder der eine noch der andere Spieler irgendeinen Schnittpunkt kontrolliert. Diesen Umstand zu beseitigen, darum geht es im Spiel, und Steine auf das Brett zu setzen ist einfach das Mittel dazu, dies zu erreichen.

Der Vorgang des Spiels ist ein Aushandeln, wer welche Schnittpunkte kontrolliert. Wenn jeder Schnittpunkt unter eindeutiger Kontrolle steht – dann ist das Brett voll und das Spiel vorbei, egal wie viele Steine darauf liegen. Es geht im Go-Spiel nicht um Steine, es geht um Kontrolle.

American Go E-Journal, 28. Juni 2004

Die Bürde des Siegers

Mit diesem Artikel, von einer für die Kolumne klassischen Art, scheine ich wieder auf dem richtigen Weg zu sein, aber dann hatte ich erneut eine Blockade. Fünf Monate sollten vergehen, bis der nächste Artikel erschien.

Es macht ohne Zweifel Spaß zu gewinnen. Vor kurzem habe ich in einem Turnier alle meine Partien gewonnen, und ich muss zugeben: Das war toll.

Im Sieg liegt jedoch eine Gefahr. Beim Go ist das ist ein Moment, an dem man leicht nur an sich und seine eigenen Gefühle denkt und vergisst, dass es bei diesem Spiel um mehr geht als nur den eigenen Sieg oder die eigene Niederlage.

Go bringt auf natürliche Weise eine wunderbare Gemeinschaft von Spielern hervor, die einander helfen und unterstützen, und dies ist einer seiner Hauptanziehungspunkte. Aber wenn man sich über einen Sieg sehr freut, kann es geschehen, dass man dabei die Bedeutung der Gemeinschaft aus den Augen verliert und dass man die Person vergisst, mit der man gerade gespielt hat.

Beim Go gibt es von alters her den Brauch, dass der Sieger dem Verlierer eine Lektion schuldet, die der Verlierer gerne annimmt. Diese Praxis zielt darauf ab, sowohl dem Sieger als auch dem Verlierer dabei zu helfen, weiterhin gegenüber der interaktiven Gemeinschaft, aus der die Go-Welt besteht, positiv eingestellt zu bleiben und sich weiterhin in sie einzubringen.

Als Sieger hat man also eine Pflicht. Man kann nicht einfach in seinem Glück schwelgen und einen Freudentanz aufführen. Man hat die Aufgabe, dem Verlierer zu helfen, seiner Erfahrung eine positive Dimension abzugewinnen. Man muss nicht nur hilfsbereit, sondern auch großzügig sein. Man muss ebenso darauf bedacht sein, den Verlierer aufzurichten, wie sein Verständnis zu verbessern. Wenn man daran denkt, dass die Gemeinschaft der Spieler das ist, was Go zu so einem wundervollen Spiel macht, dann weiß man, was zu tun ist.

Das ist es, was Buddhisten meinen, wenn sie sagen, dass Verständnis Mitgefühl erzeugt.

American Go E-Journal, 19. Juli 2004

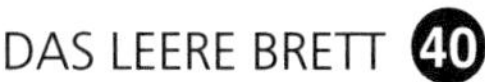

Um des Tuns willen

Dieser Artikel hat die vielen Leser, für die er der erste der Kolumne Das leere Brett *war, wohl ein wenig erschrocken. Er ist von allen der kürzeste.*

Viele Menschen glauben, so scheint es, dass das Leben einen Sinn oder Zweck haben muss, ansonsten hat es keinen Wert, irgendetwas zu tun. Für viele ist der Zweck der, irgendein positives Ergebnis zu erzielen, wie etwa „in den Himmel zu kommen". Zen-Lehrer sagen uns jedoch, das Leben habe keinen Sinn. Wir sind nicht aus irgendeinem Grund hier, wie sind einfach nur hier und daher müssen wir lernen, ohne die Erwartung eines ultimativen Sinns oder Zwecks zu leben.

Go-Spieler sollten in der Lage sein, diese recht kryptische Behauptung des Zen zu verstehen. Hat das Spielen einer Go-Partie denn den Zweck, zu gewinnen? Das kann nicht die Motivation sein, denn das Spiel ist so angelegt, dass wir ebenso oft verlieren, wie wir gewinnen. Wenn es also nichts gibt, was wir tun können, das uns immer wieder den Sieg garantiert, warum sollen wir dann überhaupt spielen?

Wir spielen, um an einem faszinierenden Prozess teilzuhaben, der Freude macht, egal wie er ausgeht, egal ob wir gewinnen oder verlieren, oder ob die Partie überhaupt beendet wird. Letztendlich geht es im Leben, wie auch im Go, nicht ums Gewinnen oder Verlieren; wir alle sterben einfach. Der Prozess des Lebens kann aber ziemlich faszinierend sein, genau wie Go.

American Go E-Journal, 13. Dezember 2004

Das sportliche Spiel

Dieser nicht ganz ernst gemeinte Artikel war als heitere Lektüre für die Feiertage gedacht. Er war Teil einer Weihnachts-Sonderausgabe des E-Journals.

Als Beispiele für sportliche Aktivitäten scheinen Go und American Football auf den ersten Blick Welten auseinanderzuliegen. Vielleicht aber auch nicht. Es stimmt zwar, dass Football immer von Teams gespielt wird, Go dagegen selten, und dass man Football auf einem Spielfeld spielt und Go auf einem Brett. Allerdings sind sowohl Go als auch Football Strategiespiele und Raumbeherrschung spielt in beiden eine große Rolle. Football ist ein hochflexibles Spiel mit wenigen festen Prinzipien, genau wie Go. Im Football kann man zum Beispiel den Schwerpunkt aufs Passspiel oder aufs Laufspiel legen und in Go auf Gebiet oder Einfluss. Weder im einen noch im anderen Sport gibt es eine sichere Gewinnstrategie. Außerdem ist der Profi-Football in mehrerlei Hinsicht daraufhin ausgerichtet, die Gewinnchancen der Gegner auszugleichen, so wie auch das Vorgabesystem beim Go. Die Gehaltsdeckelung ist wohl die offensichtlichste, aber auch einige der Regeln zielen darauf ab, wie etwa die Zwei-Punkte-Option für den Extrapunkt, und die Regeln werden regelmäßig zugunsten der Ausgeglichenheit angepasst.

Es gibt jedoch einen großen Unterschied. Während es keineswegs ungewöhnlich ist, Go-Spieler nach einer Partie in fröhlichem Umgang miteinander zu sehen, selbst wenn es um viel ging, können im Football, abgesehen vom gezwungenen Austausch von ein paar Formalien wie dem rituellen Handschlag der Trainer, es die Gegner kaum erwarten, voneinander wegzukommen – die Verlierer um zu Jammern, die Sieger um zu Jubeln. Außerdem geben Footballspieler ihren Gegnern keine Tipps, wie sie beim nächsten Mal effektiver spielen können. Irgendwie bereichert Football nicht so die Qualität des sozialen Miteinanders der Beteiligten, wie das bei Go der Fall ist. Wenn ich so darüber nachdenke, dann hat Football vielleicht eigentlich viel mehr mit Schach gemein, als mit Go.

American Go E-Journal, 23. Dezember 2004

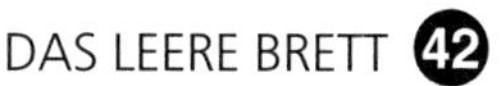

Zu viel denken

Dieser Aufsatz machte mir neuen Mut, was wohl darauf hindeutet, dass ich wieder regelmäßig an der Kolumne Das leere Brett *schreiben werde. Ob das auch der Fall sein wird, wird sich natürlich noch zeigen.*

„Du denkst zu viel“ ist eine von Zen-Lehrern häufig gehörte Kritik. Zen-Lehrer mögen jedoch Go, und Go ist ein Spiel, bei dem man viel denken muss. Das ist verwirrend. Man kann durchaus manchmal effektiv spielen, ohne zu denken, aber nur wenn man sich einiges an guten Angewohnheiten erworben hat, durch Studium und Übung, welche auf Denken beruhen. Denken ist grundlegend für Go.

Es gibt allerdings beim Go so etwas wie zu viel zu denken oder zumindest ineffektiv zu denken. Um über etwas effektiv nachzudenken, muss man es klar sehen, und beim Go-Spielen geraten wir mit unserem Denken dann in Schwierigkeiten, wenn wir es ohne klare Wahrnehmung des ganzen Bretts tun. Man muss sich in eine Partie vertiefen, um wahrzunehmen, was wirklich vorgeht. Man muss die Schwäche einer dünnen Stellung fühlen und die bedrohliche Präsenz einer dicken; man muss den Druck einer Umzingelung spüren und die Sorge darüber, noch keine zwei Augen zu haben.

Nur auf der Basis einer Wahrnehmung, die von dieser Art Erfahrung des Spiels herrührt, kann das Denken beim Go wirklich effektiv sein. Sonst driftet unser Denken leicht in Fantasien ab. Es ist das von der Vertiefung in den gegenwärtigen Moment getrennte Denken, das die Zen-Lehrer beklagen.

Bemühen wir uns also, unser Gefühl für das Spiel zu entwickeln, und unser Denken mag uns vielleicht nicht mehr so oft in die Irre führen.

American Go E-Journal, 27. Dezember 2004

ANHANG 1

Ein kurzer Überblick über buddhistische Philosophie

Diesen Aufsatz schrieb ich für meine Kurse über Go und buddhistische Philosophie am College of William and Mary. Ich habe ihn außerdem in einem Kurs verwendet, den ich 2004 an der Virginia Commonwealth Universität gehalten habe. Er wurde nirgendwo sonst veröffentlicht.

Das praktische Ziel des Buddhismus ist es, einen Weg zu finden, das Leiden zu überwinden, das für gewöhnlich das menschliche Leben charakterisiert. Seine Grundaussage ist, dass wir selbst die Ursache dafür sind, dass es uns im Leben am Zustand der stillen, friedlichen Freude fehlt, von dem im Grunde jeder träumt. Außerdem tragen wir in uns aber auch die Fähigkeit, dieses Problem zu lösen. Die Lösung ergibt sich daraus, uns ein bestimmten Verständnis dessen, wie die Dinge sind, anzueignen, und diesem Verständnis entsprechend zu handeln, bis wir die Dinge auch diesem Verständnis entsprechend erfahren, und diesen Zustand nennt man erleuchtet.

Die buddhistische Philosophie entwirft ein Bild des Menschen und seiner Lage, das sich von dem, was die meisten Leute im Westen für selbstverständlich halten, deutlich unterscheidet. Das macht es den Leuten im Westen schwer, den Buddhismus zu verstehen, und deshalb kann eine greifbare Verkörperung dieser Betrachtungsweise, wie das Go-Spiel, hilfreich sein. Das grundlegendste Konzept der buddhistischen Philosophie ist die Metapher der Leere (*sunyata* im Sanskrit, der ursprünglichen Sprache des Buddhismus). Dieser Begriff ist mit drei weiteren Hauptideen verknüpft: Unbeständigkeit (*anitya*), wechselseitige Abhängigkeit (*pratitya samutpada*) und die Lehre des Nicht-Selbst (*anatman*). Das Wesen der buddhistischen Philosophie ist in diesen vier eng zusammenhängenden Konzepten enthalten.

Wenn wir von Leere sprechen, beziehen wir uns auf die Abwesenheit von etwas. Ein leeres Glas ist eines, das keine Flüssigkeit oder anderes Füllmaterial enthält. Wenn Buddhisten sagen, dass alles leer sei, dann beziehen sie sich auf die Abwesenheit einer bestimmten Daseinsweise. Die Behauptung ist die, dass Dinge nicht auf beständige, unabhängige, autonome oder unveränderliche Weise existieren. Diese Seinsweise, die traditionell verhaftet oder innewohnend genannt wird, kommt nicht vor, sie ist sogar nicht einmal als eine mögliche denkbar. Die Art des Daseins, von der man im Westen annimmt, dass sie das Fundament der Dinge bildet, einschließlich des Selbst, von der behaupten Buddhisten also, sie käme überhaupt nicht vor. So etwas wie die allgemeine christliche Vorstellung eines Gottes oder der Seele gibt es im Buddhismus nicht, genausowenig wie die Vorstellung absoluter Prinzipien irgendwelcher Art, weder moralischer noch anderweitiger. Sogar ebenjene Behauptung, dass alles leer sei, wird ihrerseits als bedingt, möglicherweise irreführend und offen für Reinterpretation angesehen.

Für Buddhisten ist alles vorübergehend, hängt von anderen Dingen ab und verändert sich. Diese metaphysische Grundannahme hat tiefreichende Folgen für das Verständnis des menschlichen Lebens und der menschliche Lage, sowie für das Verständnis der Natur der Welt oder der Wirklichkeit allgemein.

Der Begriff der Unbeständigkeit hilft, dies näher zu erläutern. Die Vorstellung, dass alles unbeständig sei, dass alles einen Anfang und ein Ende habe, betrifft auch das eigene Selbst. Der Buddhismus behauptet, dass die Annahme, das eigene Selbst sei eine dauerhaft bestehende Entität, zur Ansicht führt, das eigene Selbst habe ewige und eigenständige Bedeutung – und diese Ansicht sei die Quelle der Haltungen und des Verhaltens, das Leiden verursacht. Wenn alles unbeständig ist, dann hängt der Wert aller Dinge von ihrer Umgebung ab und kann sich ändern. Dies gilt auch für das eigene Leben, das Leben von Anderen, und alles Übrige.

Die Frage, ob es gut ist, dass Sie diesen Kurs besuchen, oder ein Fehler, kann niemals auf Dauer oder abschließend beantwortet werden. Nicht, weil Sie dazu nie alles an relevanter Information zur Verfügung haben werden, sondern weil darin kein Gegenstand vorkommt, der eine Art des Seins innehat, die man eindeutig als gut oder schlecht beurteilen könnte, und kein festes Kriterium, um so ein Urteil treffen zu können, und keinen unveränderlichen Beurteiler, der dieses Urteil treffen könnte. Es gibt keinen „Standpunkt der Ewigkeit“ von dem aus man solche Fragen beantworten könnte, oder sogar von dem aus man sie überhaupt verstehen könnte.

Aufgrund dieses Kontexts der Unbeständigkeit kann alles sowohl gut als auch schlecht sein bzw. werden (oder es ist in letztendlichem

Sinne weder gut noch schlecht). Fragen nach letztendlichem gut und schlecht hören auf, sich zu stellen, da der notwendige Kontext dafür, dass man ihren Sinn verstehen könnte, nicht exisitiert. Es ist entscheidend, dass man versteht, dass Vorstellungen von gut und schlecht immer kontextabhängig sind, das heißt, dass sie auf Annahmen und Bedingungen beruhen, die sich verändern und die unbeständig sind, und dass es keinen letztendlichen oder absoluten Kontext gibt. Dies ist eindeutig verschieden von der im Westen am meisten verbreiteten Denkweise. Es hebt sich auch von einigen östlichen Denkweisen ab, wie etwa dem Vedantismus im hinduistischen Denken. Auf der anderen Seite ähnelt es den Ideen westlicher Denker wie Nietzsche, Heidegger und Camus.

Es ist wichtig zu verstehen, dass die Idee der Unbeständigkeit nicht zu einer Art chaotischer Bedeutungslosigkeit führt. Die positive Seite dieses Standpunkts eröffnet sich, wenn man an das Konzept der wechselseitigen Abhängigkeit denkt, oder, wie der Ausdruck *pratitya samutpada* manchmal übersetzt wird, des wechselseitig oder voneinander abhängigen Entstehens. Wenngleich es kein beständiges Dasein gibt, so gibt es doch unbeständiges Dasein. Viele Dinge existieren, haben existiert und werden existieren. Es ist nur so, dass sie nicht als unabhängige, autonome, eigenständige Entitäten existieren.

Dinge sind, was sie sind, kraft ihrer Verknüpfungen mit anderen Dingen. Dies ist besonders offensichtlich, wenn man Dinge wie soziale Institutionen betrachtet, deren Natur und Bedeutung kontextabhängig ist und sich fortlaufend verändert, aber es trifft auch auf einzelne physische Gegenstände zu, und ganz besonders auf uns selbst. Wir alle sind, was wir sind, kraft unserer Beziehungen und unserem Umgang mit anderen. Aus diesen Verknüpfungen mit anderen, mit sozialen Institutionen und so weiter, besteht unser Dasein. Über diese Verknüpfungen legen wir fest, wer wir sind und schaffen uns eine Existenz. Wir haben kein Dasein jenseits dieser sich verändernden wechselseitigen Abhängigkeiten.

Darum geht es bei der Lehre des Nicht-Selbst – nicht darum, dass es kein Selbst gebe, in jedwedem Sinne, sondern dass eine verbreitete Denkweise hinsichtlich unseres Selbst fehlgeleitet sei. Was verneint wird, ist der Standpunkt, dass das Selbst eine dauerhafte, autonome, unabhängige Entität sei. Der Buddhismus bekräftigt, dass das Selbst genauso vergänglich sei wie alles andere auch, und ebenso kontextabhängig. Es gebe kein inneres Kern-Selbst, das eine Natur an sich besäße, und dies treffe auf alle Dinge zu. Die traditionelle westliche Vorstellung von Substanz wird also abgelehnt.

Das Leben ist voller Leiden, weil wir Menschen Dinge erwerben und sie festhalten möchten, im Glauben, dass sie unserem Leben auf Dauer Bedeutung und Wert verleihen. Dies ist eine Folge der Vorstellung, Dinge könnten an sich wertvoll sein, und dass das Selbst ein möglicher Besitzer oder Schöpfer solcher Dinge sei, und dass der Zweck des Lebens Besitz oder Schöpfung dieser Art sei. Die Mühen, solche Dinge zu erwerben und die Angst, sie zu verlieren, ist eine hauptsächliche Quelle des Leidens.

Wenn man jedoch erkennt, dass Dinge keinen Wert an sich haben und dass es keinen dauerhaften Besitzer gibt, und dass das Leben, das man hat, aus Verbindungen mit dem Leben anderer besteht, ändert sich die eigene Grundmotivation dramatisch. Ich kann mir nicht länger vorstellen, davon zu profitieren, Dinge für mich zu haben und von dir fernzuhalten. Stattdessen verstehe ich, dass mein Leben nur dadurch besser werden kann, dass ich das Leben aller anderen besser mache, weil wir alle ein gemeinsames Leben teilen. Auch dies trifft auf alles zu, auf alle fühlenden Wesen, ja auf alle Wesen schlechthin: Hier findet sich die Grundlage für eine Umweltethik. Buddhisten formulieren diesen Punkt so, dass sie sagen, Weisheit führe zu Mitgefühl.

Der Buddhismus behauptet also, dass Habgier und ängstliches Klammern und die Furchtsamkeit und Frustration, die diese erzeugen, dass diese Handlungsweisen, die so sehr Teil unseres Lebens sind, das Ergebnis eines fehlgeleiteten Verständnisses der Natur des Selbst und des Lebens sind. Ein Mensch, der den vergänglichen Charakter aller Dinge erkennt, der erkennt, wie wir alle uns gegenseitig unsere Leben erschaffen, kann denjenigen, die noch im leidvollen Kampf des Alltagslebens stecken, nur mit Mitgefühl entgegentreten und versuchen, ihnen den Weg zu zeigen, solchem Leiden zu entkommen. Und mit denen, die ebenso erkannt haben, wie die Dinge sind, kann er die friedvolle Freude an unserem Augenblick der Existenz teilen, wo auch immer die zufälligen Gegebenheiten unserer wechselseitigen Abhängigkeiten uns hinführen mögen.

Zu dieser Lebensweise gelangt man mittels einer Kombination von praktischen und geistigen Tätigkeiten. Zu verstehen, wie die Dinge sind, ist zwar wichtig, noch wichtiger jedoch ist die Praxis, da sie uns nicht nur hilft, unser Verständnis in unserem Leben umzusetzen, sondern auch, die Bedeutung der Begriffe zu erfassen, in denen dieses Verständnis ausgedrückt ist.

Die bekannteste dieser Praktiken ist wohl die Meditation im Sitzen, auf welche die Zen-Tradition einen besonderen Schwerpunkt legt. Zwar kann sich die Meditation der Reflektion über die Grundideen des Buddhismus widmen, häufiger jedoch konzentriert sie sich auf die Übung einer bestimmten Verhaltensweise, nämlich, einfach nur im vorübergehenden Augenblick da zu sein, wirklich da zu sein. Man wählt dazu eine ganz einfache Tätigkeit aus, nämlich das Sitzen, und man versucht, nichts anderes zu tun, vor allem nicht, ins zeitlose Reich spekulativer Gedanken abzudriften oder der Gegenwart zu entrücken, indem man über die Vergangenheit oder die Zukunft nachdenkt. Man konzentriert sich ganz auf den vorübergehenden Augenblick und seine Inhalte, so bewusst wie möglich, im Versuch, den Gedanken zu überwinden, dass es irgendeine Trennung oder Unterscheidung gibt zwischen einem selbst und dem Inhalt des gegenwärtigen Augenblicks. Das Ziel ist es, die Fähigkeit zu entwickeln, eine solche Haltung des Eintauchens in die Gegenwart in allen Belangen des Lebens einzunehmen. Eine andere wichtige Praxis ist die des Singens in der Gemeinschaft. Hier ist das Ziel, ganz konkret die Erfahrung zu machen, Teil eines Ganzen zu sein, das aus wechselseitiger Verbindung mit anderen besteht.

Ebenso übt man, mitfühlend zu sein, indem man die traditionellen fünf Gelübde ablegt: nicht zu töten, nicht zu nehmen, was einem nicht gegeben wird, nicht auf eine Weise zu reden, die Leiden erzeugt, keine unzulässigen sexuellen Handlungen auszuführen und keine Rauschmittel zu verwenden, soweit dies die eigene Praxis beeinflusst. Man kann zusätzliche Gelübde ablegen, wie anderen Lob, das ihnen zusteht, nicht zu missgönnen, sich keinem Zorn zu ergeben, und zu besonderen Gelegenheiten (beliebt sind die Vollmondtage) kann man weitere Übungen hinzufügen, wie etwa ausgelassenes Musizieren und Tanzen zu unterlassen, keine ausgefallene Kleidung zu tragen und nicht zu rennen. All diese Übungen dienen dazu, einem zu helfen, sich eine Lebensweise anzueignen, die dem, wie die Dinge sind, genau entspricht. Dies sind keine Regeln, die man wie absolute Verbote oder Verpflichtungen zu behandeln hätte; es sind einfach Richtlinien, die den meisten Leuten hilfreich sein können.

In diesem Kontext erscheint das Go-Spiel als besonders gehaltvolle Übung, weil es die praktische Begegnung sowohl mit der metaphysischen als auch mit der ethischen Ebene der buddhistischen Philosophie ermöglicht. Das Spiel gründet unmittelbar auf den Prinzipien der Leere und der Unbeständigkeit, und um es gut zu spielen, müssen Spieler sich die Tugenden der Geduld, der Großzügigkeit und der Furchtlosigkeit aneignen. Go ist ein Spiel des friedlichen Teilens, nicht der kriegerischen Vernichtung, und man kann sehr wohl sagen, dass der Gegner im Spiel wir selbst sind, das heißt, unsere eigene Gier und Furcht, nicht die Person, die unser Spielpartner ist. Zu verstehen, was dies bedeutet und wie man das Spiel auf diese Weise auffassen und spielen kann, ist das Ziel unseres Kurses.

ANHANG ②

Das Go-Spiel: Ein unerwarteter Weg zur Erleuchtung

Dies ist die komplette Version des Artikels, der für Tricycle: The Buddhist Review *gekürzt wurde (in diesem Buch: S.60ff). Er wurde in* The Eastern Buddhist *veröffentlicht, einer englischsprachigen Zeitschrift, die an der Kyoto University in Japan herausgegeben wird, New Series, XXX, 2, 1997, 199–213.*

Einleitung

In Japan gibt es eine Reihe traditioneller Praktiken, die als Hilfsmittel bei der Suche nach Erleuchtung verwendet werden. Darunter fallen unter anderem etwa die Kunst des Blumensteckens, des Bogenschießens, des Schwertkampfs, der Teezeremonie und des Karate. Es herrscht die Ansicht, dass sie alle zu einer oder mehrerer der inneren Einstellungen beitragen, die für Buddhisten charakteristisch sind, so dass ihre Ausübung es ermöglicht, Elemente der buddhistischen Sichtweise in einer konkreten Form zu erfahren, die leichter zugänglich ist als Koan-Studien oder die Praxis der Meditation. Neben ihrer Aufgabe, als Weg zur Erleuchtung zu dienen, können diese Praktiken auch denjenigen, die einfach nur den Buddhismus verstehen wollen, die Natur der buddhistischen Sichtweise klarer machen, und es gibt eine Reihe bekannter Werke, die eine Beschreibung dieser Praktiken und der Erfahrung ihrer Ausübung dazu verwenden, den Buddhismus zu erläutern. Einige Beispiele sind Eugen Herrigel, *Zen in the Art of Archery* (New York: Vintage Books, 1971); Gustie L. Herrigel, *Zen in the Art of Flower Arrangement* (London: Routledge & Kegan Paul, 1958); Daisetz T. Suzuki, *Zen and Japanese Culture* (Princeton: Princeton University Press, 1970); Horst Hammitzsch, *Zen in the Art of the Tea Ceremony* (New York: Avon Books, 1982); Thomas Hoover, *Zen Culture* (New York: Vintage Books, 1977); u.a.*

* Aktuelle deutsche Ausgaben: Eugen Herrigel, *Zen in der Kunst des Bogenschießens* (München: O. W. Barth, 2010); Gusty L. Herrigel: *Zen in der Kunst der Blumen-Weges* (München: O. W. Barth, 2000), Daisetz T. Suzuki, *Zen und die Kultur Japans* (München: O. W. Barth, 1994), Horst Hammitzsch, *Zen in der Kunst des Tee-Weges* (München: O. W. Barth, 2000), Thomas Hoover, *Die Kultur des Zen* (München: Diederichs, 1991).

Es gibt jedoch in Japan eine bedeutende traditionelle Praktik, die seit Jahrhunderten mit dem Buddhismus in Verbindung gebracht wird und die traditionell als ein „Weg“ oder *do* (*dao* im Chinesischen) bezeichnet wird, welche von denen, die sich darum bemühen, den Buddhismus zu erläutern, bislang vernachlässigt wurde, obgleich sie ein ungewöhnlich effektives Mittel darstellt, die buddhistische Sichtweise zu verdeutlichen. Es handelt sich um das Spiel, das im Westen „Go“ genannt wird und in Japan unter dem Namen *igo* oder *kido* („der Weg des Go“) bekannt ist.*

Aus buddhistischer Sicht stellt das Spiel eine anschauliche Verkörperung der Art und Weise dar, wie Buddhisten das Weltgeschehen verstehen, und befördert auf direktem Wege die von Buddhisten gepriesene Einstellung von Geist und Herz. In der Tat bietet das Spiel einen nützlichen Weg, die grundlegenden Aspekte des Lebens, wie Buddhisten es verstehen, darzustellen und zu erfahren. Meine Absicht ist es, hier zu zeigen, warum das so ist.

Dogen über Go

Dass es eine besondere Verbindung zwischen dem Go-Spiel und der Authentifizierung der Erleuchtung gibt, darauf deutet eine bemerkenswerte Passage in Dogen Zenjis *Shobogenzo* hin. In seinem Aufsatz *Shunju* (engl. „Spring and Autumn“) aus dem Jahr 1244 verwendet Dogen einen Verweis auf Go, um seiner Leserschaft dabei zu helfen, ein berühmtes Koan zu verstehen.**

Auf die Frage eines Mönchs, wie man es vermeiden könne, dass einem kalt oder heiß sei, gab der chinesische Zen-Meister des 9. Jahrhunderts Dongshan zu Antwort, er solle dort hingehen, wo es keine Kälte und keine Hitze gebe. Dogen bezieht sich auf verschiedene traditionelle Erklärungen dieser Antwort, die sie dergestalt interpretieren, dass sie eine philosophische Aussage über die Einheit

* William Pinckard weist auf diese Verbindung hin, geht jedoch kaum darauf ein, sie zu erläutern. Siehe “Go and the ‘Three Games,’” in *The Go Player’s Almanac*, hg. von Richard Bozulich (Tokyo: Ishi Press, 1992), S. 4-6.

** “Spring and Autumn“ (dt. „Frühling und Herbst“) wurde von Katherine Thanas und Dazuaki Tanahashi übersetzt und veröffentlicht in *Moon in a Dewdrop: Writings of Zen Master Dogen*, hg. von Dazuaki Tanahashi (New York: North Point Press, 1985), S. 108–113. Meine Zitate basieren auf dieser Übersetzung. – Anm. d. Übers.: Wir haben unsere Version abgestimmt mit der deutschen Übersetzung von A. M. Eckstein, in Eihei Zenji Dôgen: *Shôbôgenzô. Gesamtausgabe. Der Schatz des Wahren Dharma* (Frankfurt: Angkor, 2008). Cobbs Version unterscheidet sich zum Teil deutlich von der Ecksteins; an diesen Stellen sind wir von Ecksteins Übersetzung abgewichen.

mache, die jedweder Unterscheidung vorangehen müsse. Das heißt, dass der Unterscheidung zwischen kalt und heiß ein vereinigendes Konzept der Temperatur vorangehen müsse. Die traditionellen Erklärungen verstehen Dongshan so, dass er dabei auf die Ablehnung der Letztgültigkeit aller Unterscheidungen hinauswolle. Dogen jedoch besteht darauf, dass diese Interpretationen unzureichend sind: „Wenn das buddhistische Dharma lediglich durch die philosophische Untersuchung von Einheit und Unterscheidung übermittelt worden wäre, wie hätte es dann bis zum heutigen Tag weitergegeben werden können?“

Dogen sagt, wir sollten stattdessen die Worte Hongzhis beherzigen, eines chinesischen Zen-Meisters des 12. Jahrhunderts, der sagte: „Das ist so, wie wenn zwei Menschen eine Partie Go spielen. Wenn du auf meinen Zug nicht antwortest, werde ich deinen Stein gefangen nehmen. Wenn ihr dies versteht, könnt ihr Dongshans Worte verstehen.“

Im folgenden liefert Dogen eine Erklärung dieses überraschenden Bezugs aufs Go-Spielen. Er kommentiert: „Nimm an, wir haben hier eine Go-Partie; wer sind die zwei Spieler? Wenn du antwortest, dass du und ich Go spielen, dann wird es so sein, als hättest du eine Vorgabe von acht Steinen, und wenn du eine Vorgabe von acht Steinen hast, dann ist es kein Spiel mehr. Was meine ich damit? Wenn du meine Frage ‚Wer sind die zwei Spieler?‘ beantwortest, dann so: ‚Man spielt Go mit sich selbst; die Gegner werden eins.‘ Nachdem du auf diese Weise deinen Geist geradegerückt und deinen Körper in diese Richtung gewendet hast, solltest du Hongzhis Worte in Augenschein nehmen: ‚Wenn du meinen Zug nicht beantwortest.‘ Das bedeutet, ‚du‘ bist noch nicht ‚du‘. Auch die Worte ‚Ich werde dich gefangen nehmen.‘ solltest du nicht außer acht lassen. Schlamm innerhalb von Schlamm, ein Juwel innerhalb eines Juwels. Beleuchte andere, beleuchte das Selbst.“

Dogen offeriert dies als angemessene Erklärung von Dongshans Bemerkung und fügt eine weitere Erklärung anhand seines eigenen Gedankens der „Befreiung von Körper und Geist“ (*Shinjin datsuraku*) hinzu. Seine Verwendung des Verweises aufs Go-Spielen zeigt, dass er davon ausgeht, dass sein Publikum im Eiheiji-Tempel mit der Erfahrung, Go zu spielen, bestens vertraut ist, und dass auch er es ist. Sie deutet auch darauf hin, dass er das Spielen von Go für zumindest vergleichbar mit der Erfahrung hält, „sich von Körper und Geist zu befreien“. Da ich jedoch nicht davon ausgehen kann, dass die Leser dieses Artikels mit Go gut vertraut sind, werde ich etwas über das Spiel sagen und darüber, wie es mit grundlegenden buddhistischen Vorstellungen zusammengebracht werden kann, bevor ich diesen Abschnitt aus Dogens *Shobogenzo* erläutere.

Das Go-Spiel

Das Go-Spiel ist vor mindestens 4000 Jahren in China entstanden und wurde in der Tradition des alten China zu einer der vier Tätigkeiten gezählt, die man beherrschen musste, um als wirklich gebildet zu gelten – die anderen drei waren Kalligraphie, Musik und Malerei. Es kam um das 7. Jahrhundert unserer Zeitrechnung nach Japan, vermutlich im Gepäck von buddhistischen Mönchen, die von der Ausbildung an chinesischen Klöstern zurückkehrten. Das Spiel ist also viel älter als der Buddhismus, allerdings wurde es von Buddhisten schnell als nützliches Mittel buddhistischer Praxis erkannt. Bis zum Ende des 19. Jahrhunderts waren in Japan die stärksten Spieler im Allgemeinen buddhistische Mönche. (Die älteste erhaltene Partieaufzeichnung in Japan wird traditionell Nichiren zugeschrieben, der im 13. Jahrhundert die Nichiren-Sekte des Buddhismus begründete.) Das Spiel diente oft dazu, die Tugenden der Überwindung der Furcht, der Gier und des Zorns unter den Samurai zu verbreiten, die von buddhistischen Mönchen im Go unterrichtet wurden. Sein Vermögen, aus seinen Spielern bessere Menschen zu machen, ist zum Teil der Grund dafür, dass Go nach wie vor in Japan, Korea und China weit verbreitet ist, wo Millionen von Menschen regelmäßig spielen, und wo es eine beachtliche Anzahl professioneller Spieler gibt, die ihren Lebensunterhalt mit dem Go-Spiel verdienen, in der Regel durchs Unterrichten des Spiels.*

Auch die wachsende Beliebtheit von Go in Europa und Amerika, wo es Tausende von begeisterten Amateurspielern und einige wenige Profi-Spieler gibt, hat damit zu tun, dass es humane Gesinnung und freundliche Beziehungen unter den Spielern fördert. Selbst von Spielern, denen die Geschichte des Spiels nicht bekannt ist und die nicht mit dem Buddhismus vertraut sind, wird die außergewöhnliche Fähigkeit des Spiels, die Charaktere seiner Spieler tiefgreifend zu verändern, wahrgenommen und anerkannt. Go ist viel mehr als eine bloße Form der Unterhaltung.

* William Pinckard liefert einen allgemeinen Überblick über die Beteiligung buddhistischer Mönche an der Entwicklung des Go in Japan. Siehe "History and Philosophy [of Go]," in *The Go Player's Almanac*, hg. von Richard Bozulich (Tokyo: Ishi Press, 1992), S. 7–19.

Go ist ein strategisches Brettspiel, so wie Schach, unterscheidet sich von Schach jedoch fundamental.* Man spielt es mit schwarzen und weißen runden Spielfiguren, sogenannten „Steinen“, auf einem annähernd quadratischen Gitternetz von in der Regel 19 mal 19 Linien. Das Spielfeld besteht aus den Schnittpunkten der Linien und die Steine, die auf diese Schnittpunkte gesetzt werden, werden während einer Partie nicht bewegt, können jedoch gefangen und vom Brett genommen werden. Das Spiel beginnt auf einem leeren Brett und die Spieler setzen abwechselnd Steine darauf, wobei der Spieler mit den schwarzen Steinen anfängt. Während des Ablaufs einer Partie ergeben sich auf dem Spielfeld Muster aus schwarzen und weißen Steinen. Über Gewinn und Verlust entscheidet die Anzahl der unbesetzten Schnittpunkte, die man in der Lage ist, mit Steinen zu umschließen, die nicht gefangen werden können. Es besteht jedoch eindeutig die Auffassung, dass es nicht darum geht, Spiele zu gewinnen (wenn man das Spiel richtig spielt, dann verliert man etwa die Hälfte seiner Partien), sondern um das Erforschen der Möglichkeiten, die sich in den verschiedenen Steinformationen verbergen. Man strebt also danach, interessante Partien zu schaffen, und dies setzt voraus, dass man ein stärkerer Spieler wird, also ein größeres Spielverständnis erwirbt. Mit anderen Worten: Man kann unmissverständlich sagen, dass die Spieler, anstatt sich um den Sieg zu bemühen, auf die Suche nach Erleuchtung gehen – was nicht nur intellektuelles Verständnis erfordert, sondern auch moralische Qualitäten, da Gier und Furcht die größten Hindernisse dafür darstellen, im Spiel besser zu werden. Diese auf Verständnis gerichtete Zielsetzung, anstelle einer Konzentration aufs Gewinnen, wird durch ein Vorgabesystem begüngstigt, das sicherstellt, dass Spieler unterschiedlichen Könnens die gleichen Chancen erhalten, zu gewinnen oder zu verlieren. Dieses System, auf das sich Dogen bezieht, besteht darin, dass der schwächere Spieler eine entsprechende Anzahl von Steinen aufs Brett setzt, bevor der stärkere Spieler einen Stein setzt. Gewissermaßen hat der schwächere Spieler so bereits ein paar Mal gezogen, bevor der Stärkere seinen ersten Zug macht, was dem schwächeren Spieler einen Vorteil verschafft, der die größere Kompetenz seines Gegenübers ausgleicht. Die Anzahl der Vorgabesteine wird dadurch festgelegt, dass jeder Spieler einen Rang erhält, der auf vorangegangenen Spielergebnissen beruht und der

* Eine nützliche Einführung in die Regeln und die strategischen Grundlagen des Spiels ist Cho Chikun, *The Magic of Go* (Tokyo: Ishi Press, 1987). [Als deutsche Einführung empfiehlt sich: Gunnar Dickfeld, *Go für Einsteiger* (Fleurus Verlag, 2006); Anmerkung der Übersetzer.]

sich jeweils ändert, wenn der Spieler stärker wird. Wenn also etwa ein Spieler drei Rangstufen unter der seines Partners steht, dann setzt er drei Vorgabesteine, bevor der Stärkere spielt. Traditionell beträgt die maximale Vorgabe neun Steine, bei einer Vorgabe von mehr als ungefähr vier Steinen fällt es den Spielern allerdings schwer, eine ausgewogene Partie zu spielen. Ihr Verständnis dessen, was in der Partie vor sich geht, geht dann zu weit auseinander, als dass sie im Spiel adäquat aufeinander eingehen könnten.

Das Spiel beginnt auf einem leeren Brett. Das heißt, es gibt am Anfang keine Spielfiguren auf dem Brett, im Gegensatz zu einem Spiel wie Schach. Dieser Umstand vergrößert enorm das Spektrum an Möglichkeiten, die das Brett bietet, da keinerlei Auswirkung einer Anfangsaufstellung von Spielfiguren dem Spiel Schranken auferlegt. In der Tat ist aufgrund der Größe des Standardbretts mit 361 Schnittpunkten und der Tatsache, dass alle Figuren denselben Ausgangsstatus innehaben, nämlich dass sie einen Punkt auf dem Brett besetzen können, die Anzahl der möglichen Partien astronomisch und erheblich größer als die der möglichen Partien im Schach. Dies ist zum Teil der Grund dafür, dass es noch kein Computerprogramm gibt, das auf hohem Niveau Go spielen kann, obwohl am Markt beträchtliche Nachfrage herrscht. Außerdem stellt die nichtlineare Logik des Go ein Problem für Programmierer dar.

Die Ausgangslage des Spiels veranschaulicht einen wichtigen Aspekt des Begriffs *sunyata*. Leere, sowohl im Buddhismus als auch in der Alltagssprache, bezieht sich nicht auf ein absolutes Nichtvorhandensein von Allem. Die frühere Übersetzung von *sunyata* als „Nichts" war also sehr irreführend. Leere bezieht sich auf die Abwesenheit von etwas, das man aus gewissen Gründen erwarten mag, so wie wir davon sprechen, dass ein Glas, das normalerweise dazu dient, Flüssigkeit aufzunehmen, leer ist, obgleich es voller Luft ist, oder wie wir davon sprechen, ein Raum sei leer, wenn sich darin keine Menschen aufhalten, obwohl lauter Möbel darin stehen.

Die vom Buddhismus behauptete Leere ist der Leere im Go sehr ähnlich. Der buddhistische Standpunkt ist, dass Möglichkeit der Gegebenheit vorangeht. Es gibt keine ultimativen Grenzen für die Möglichkeiten des Daseins. Die Realität ist in einem absoluten Sinne offen. Dies hat viele Auswirkungen auf das Verständnis der menschlichen Situation und tatsächlich sind viele Aspekte davon im Go-Spiel enthalten. Das Spiel unterliegt natürlich durchaus einigen

Beschränkungen, da es eine konkrete Daseinsform innehat, aber diese sind äußerst minimal. Die Brettgröße kann variieren. Die Verwendung eines Gitternetzes von 19 mal 19 Linien ist schlicht eine gebräuchliche und zweckmäßige – groß genug, um interessant, und klein genug, um handhabbar zu sein. Man kann das Spiel auf Brettern von so gut wie jeder Größe spielen, und von Anfängern werden oft kleinere Bretter von 9 mal 9 oder 13 mal 13 Linien verwendet. Im alten China waren 17 mal 17 Linien ein verbreitetes Maß. Die Spielregeln lassen sich auf ein einziges Prinzip reduzieren, nämlich dass ein Stein (oder eine Gruppe von Steinen, die entlang der horizontalen oder vertikalen Linien verbunden sind) so lange auf dem Brett bleibt, wie er (oder sie) mit mindestens einem freien Schnittpunkt verbunden ist (sind). Das Spiel verzichtet also auf so viele der für Spiele typischen Strukturen wie möglich, ohne dadurch den Status eines Spiel zu verlieren, jedoch nicht mit dem Ergebnis, dass dabei etwas herauskommt, das von nur geringem Interesse wäre, sondern dass das Spektrum an Möglichkeiten enorm bereichert wird.

Der Go-Spieler erkennt, dass die Abwesenheit einer absoluten, festen Struktur oder ultimativer Grenzen der Realität nicht die Katastrophe darstellt, die man vielleicht erwarten mag. Im Gegenteil, dadurch wird alles viel interessanter. Die Tatsache, dass die Offenheit des Go bedeutet, dass es wahrscheinlich keine perfekte Partie gibt, beeinträchtigt nicht im geringsten die Freude am Spielen. In der Tat erkennen Schachspieler im Zuge der Fortschritte in der Computerprogrammierung ihres Spiels allmählich, dass eine feste Struktur, die die Lösung des Spiels ermöglicht, eine große Schwäche darstellen mag. Ob Go gelöst werden kann, ist umstritten, aber es ist klar, dass es erheblich komplexer ist als Schach, aufgrund seiner Unbestimmtheit, das heißt, seiner Leere. Für den Go-Spieler kann die Erkenntnis, wie faszinierend und unterhaltsam es ist, sich in so einer grenzenlosen Welt zu bewegen, eine Offenbarung sein. Man lernt, die kreativen Möglichkeiten, die sich aus der relativen Abwesenheit vorherbestimmter Kräfteverhältnisse und fester Strukturen ergeben, in vollen Zügen zu genießen, anstatt frustriert oder bekümmert von der Tatsache zu sein, dass dies bedeutet, dass es keine letzten Antworten darauf gibt, worin gutes Spiel besteht.

Im buddhistischen Sinne bezieht sich Leere auf die Tatsache, dass nichts selbstbestimmt ist und daher nichts ewig. Was der Realität als ganzer fehlt und daher auch allem, das existiert, ist eine besondere Art des Seins, nämlich die Art des Seins an sich, das in sich selbst gründet oder absolut unabhängig ist. Alles ist, was es ist, aufgrund seiner Beziehungen zu allem anderen, und weil nichts den Urgrund dieses riesigen Gefüges darstellt (so einem Grund würde die Leere fehlen), unterliegt es konstantem Wandel. Dies führt uns zu den Prinzipien der Unbeständigkeit (*anitya*) und wechselseitigen Abhängigkeit (*pratitya samutpada*). Diese zwei Prinzipien sind auch für das Go-Spiel grundlegend. Die offensichtlichste Verkörperung der wechselseitigen Abhängigkeit im Go liegt in der Art und Weise, wie sich Gruppen von Steinen während des Spiels entwickeln, während die wechselhafte Bedeutsamkeit dieser Gruppen und der sie bildenden Steine ein klares Beispiel für Unbeständigkeit liefert.

Der Spielablauf wird dadurch gesteuert, das jeder Spieler versucht, mehr freie Schnittpunkte zu umgrenzen als der andere. Die Technik, um dies zu erreichen, besteht darin, Zäune oder Wände zu errichten, die Teile des Bretts abgrenzen, indem man Steine so nebeneinander setzt, dass sie solide Linien bilden. Da Steine gefangen werden können, wird dieser Vorgang sehr komplex und im Verlauf der Entwicklung des Spiels verändert sich die Bedeutung von Steinen ständig. Für sich betrachtet, hat ein Stein fast keine Bedeutung. Er kann einen Schnittpunkt auf dem Brett besetzen und wenn er gefangen wird, führt dies zum Abzug eines Punktes vom Gesamtresultat (gefangene Steine werden am Ende der Partie zurückgegeben und ins Gebiet ihrer eigenen Farbe gesetzt und vermindern dadurch das jeweilige Gesamtresultat um je einen Punkt).

Die wirkliche Bedeutung eines Steins liegt in seinem Potential, mit anderen Steinen zu interagieren. Es ergibt sich aus seinen Beziehungen zu anderen Steinen, dass er in der Lage ist, Gebiet zu umgrenzen, oder die Fähigkeit von Steinen der anderen Farbe zu unterbinden, dies zu tun, und sogar Steine der anderen Farbe zu fangen. In diesem Prozess erwächst die Rolle, die der Stein spielt, also seine Bedeutung im Spiel, vollständig aus seinen Verbindungen mit anderen Steinen. Die Steine selbst haben so gut wie kein Dasein an sich. Die Spieler erfahren also, was es heißt, wenn man sagt, Dinge sind, was sie sind, aufgrund von *pratitya samutpada*.

Darüberhinaus unterliegt die Bedeutsamkeit jedes Steins oder jeder Gruppe von Steinen der Möglichkeit drastischen Wandels. Ein Stein oder eine Gruppe von Steinen, die zum einen Zeitpunkt wichtig ist, kann infolge späterer Entwicklungen verzichtbar werden. Steine können sogar als Opfer eingesetzt werden, zum Zweck späteren Vorteils, und können als solches akzeptiert werden, oder auch nicht. Dass die Steine den Fügungen des Geschicks so ausgesetzt sind, macht die Spieler mit der Realität der Unbeständigkeit vertraut, und erneut erkennen sie, dass dieser Umstand nicht Schrecken bedeutet, sondern die Spielerfahrung enorm bereichert.

Diese Gedanken sind vergleichsweise einfach zu verstehen, sind jedoch nur der erste Schritt. Es gibt noch eine wichtigere Ebene der Analyse des Stellenwerts von Go als Weg zur Erleuchtung, nämlich wie Go in der Lage ist, zwei Grundfragen zu klären: Wie man verhindern kann, in einen nihilistischen Relativismus zu verfallen, wenn man gleichzeitig ein Prinzip der Leere als ultimativ behauptet, und weshalb Weisheit, in Form der Erkenntnis der Tatsache, dass alles leer ist, zu einer Reaktion des Mitgefühls führt. Diese beiden Themen stellen die größten Herausforderungen dar, denen man begegnet, wenn man versucht, den Buddhismus zu erklären. Sie treten im berühmten Rat der Zen-Meister zutage, keine Urteile über gut und schlecht zu fällen. Da dies nach einem Rat klingt, der ja eher gut als schlecht sein sollte, ist nicht klar, wie er zu verstehen ist. Außerdem nimmt man an, dass ja auch Mitgefühl etwas Gutes ist. Go ist sehr hilfreich, wenn es darum geht, diese Rätsel zu lösen.

Um diese Themen angehen zu können, müssen wir über das vorhin erwähnte vierte Prinzip *anatman* sprechen, die Lehre des Nicht-Selbst. Ironischerweise werden im Westen Kampfkünste als Mittel zur Selbstverteidung beworben. Im Osten, vor allem unter Buddhisten, werden diese Künste gerade darum geschätzt, weil sie einem bei der Überwindung des Selbst helfen, das heißt, die Täuschung zu beseitigen, man habe (oder sei) ein Selbst. Die Erkenntnis, dass es kein Selbst gibt, ist ein wesentlicher Schritt auf dem Weg zur Erleuchtung. Nicht-Buddhisten sind allerdings oft verwirrt darüber, was dies bedeutet. Eine gute Möglichkeit der Erklärung besteht darin, darauf hinzuweisen, was aus der Idee der wechselseitigen Abhängigkeit für das Verständnis der individuellen Person folgt. Da alles ist, was es ist, aufgrund seiner Beziehungen zu anderen Dingen, folgt daraus, dass ich als Individuum aus meinen Beziehungen zu anderen Menschen bestehe, zu Institutionen, Orten, Handlungen und so weiter. Es gibt keinen in sich selbst gründenden oder sich selbst begründenden inneren Kern des Individuums. Das eigene Leben ist ein vollkommen abhängiger Prozess.

Dies hat tiefgreifende Auswirkungen darauf, was für den Einzelnen als Lebensentwurf sinnvoll erscheint. Da mein Leben sich aus Beziehungen mit Anderen ergibt, ist die einzige Möglichkeit, mein Leben besser zu machen (ohne uns im Moment Gedanken darüber zu machen, was als besser gilt), dass ich das Leben der Anderen besser mache. Das bedeutet, das einzige Motiv, das ich für den Versuch haben könnte, das Leben Anderer schlechter zu machen, ist der Gedanke, dass ich dadurch mein Leben auf irgendeine Weise besser machen könnte – *pratitya samutpada* macht dies jedoch unmöglich. Wie sich zeigen wird, ist dies verbunden mit der Tatsache, dass es nicht gut sein kann, beim Go zu gewinnen, da es nicht schlecht ist, zu verlieren.

Diese Sicht auf die Natur menschlichen Daseins ist für das Go-Spiel wesentlich. Eine der auffallendsten Konsequenzen des Go-Spielens liegt in der Art und Weise, wie es zur Reduzierung eigensüchtigen Verhaltens führt, selbst bei jenen, die das Spiel lediglich deshalb spielen, weil es ihnen als Spiel gefällt. Das heißt, das Spiel führt eine Überwindung des Selbst auch bei jenen herbei, die sich ihrer gar nicht bemühen. Ein klarer Hinweis darauf ist die angenehme zwischenmenschliche Atmosphäre, die man durchweg in Go-Clubs und auf Turnieren findet. Die Spieler sind ganz allgemein wirklich solidarisch untereinander, freuen sich, wenn andere Erfolg haben, scheuen keine Mühen, schwächeren Spielern zu helfen, stärker zu werden, und verhalten sich generell eher wie Freunde als wie Gegner. Dies kann natürlich auch in Gemeinschaften vorkommen, die andere Spiele spielen, im Fall von Go aber fördert der Charakter des Spiels dieses Verhalten direkt.

Die Motivation, die der buddhistischen Ablehnung der Existenz eines Daseins an sich zugrundliegt, abgesehen vom offenbaren Fehlen empirischer Evidenz dafür, sowie von den theoretischen Problemen, die es mit sich bringt, liegt in der Verbindung zwischen der Vorstellung eines solchen Selbst und der Erfahrung des Leidens. Aus der Idee, dass das eigene Dasein letzten Endes unabhängig von Anderen sei, folgt, dass man sein Leben dadurch verbessern kann, dass man Dinge tut, die das eigene Dasein aufwerten, ohne Rücksicht auf die Auswirkungen auf Andere. Sie mögen durchaus gleichzeitig das Dasein anderer aufwerten, aber es geht darum, dass dies nicht notwendigerweise der Fall sein muss. Diese Ansicht führt zu etwas, das Buddhisten „Bindung“ nennen, also zur Idee, dass es etwas gibt – materieller Wohlstand, Macht, Status, was auch immer (sogar Erleuchtung) –, das mein Leben besser machen wird, wenn ich seiner habhaft werden kann. Dies erzeugt jedoch lediglich Leiden. Man findet keine Ruhe, weil man es noch nicht hat, egal was es ist, oder man findet sie nicht, weil man fürchtet, es zu verlieren. Die einzige Lösung liegt darin, die Idee eines unabhängigen Selbst zu verwerfen und die Realität des eigenen wechselseitig abhängigen Daseins anzunehmen.

Dies drückt sich im Go-Spiel auf mehrerlei Art aus. In der japanischen Tradition beginnt man eine Partie immer damit, dass man dem anderen Spieler seine Wertschätzung für dessen Bereitschaft zu spielen ausdrückt, sowie die Erwartung, dass das eigene Verständnis von der Partie profitieren werde. Es ist offensichtlich, dass man keine Spiele spielen kann, abgesehen von Solitaire, wenn es keine geneigten Partner gibt. Im Falle von Go aber wird dies unterstrichen vom Charakter des Spiels als interaktivem Prozess, dessen Qualität des Miteinanders man schätzt. Eine beliebte Metapher für Go im Japanischen ist das „Handgespräch" (*shudan*), da ein Gespräch ein interaktiver Prozess ist, an dem man vorrangig die Qualität des Prozesses schätzt, anstelle irgendwelcher Resultate für die einzelnen Teilnehmer. (Dies ist der Grund, weshalb beispielsweise Unterricht im Klassenzimmer kein Gespräch darstellt.)

Den effektivsten Weg, die Bindung von Spielern ans Selbst zu schwächen, stellt das Vorgabesystem dar, das integraler Bestandteil des Spiels ist. Gewinnt man mehr als etwa sechzig Prozent seiner Partien, so gelangt man automatisch auf die nächsthöhere Stufe des Rangsystems, wodurch sich die Vorgabe ändert, die man in Partien gibt oder erhält. Das heißt, man erwartet etwa die Hälfte seiner Partien zu verlieren, so dass man schon aus diesem Grund dazu angehalten ist, sich nicht ans Gewinnen zu binden. In der Tat sagen viele Spieler oft, dass es besser sei, zu verlieren, als zu gewinnen, da man, wenn man verliert, offensichtlich irgendeine Möglichkeit übersehen hat, woraus man etwas lernen kann, wohingegen wenn man gewinnt, dann gewöhnlich deshalb, weil der andere einen offensichtlichen Fehler begangen hat. Go-Spieler reden davon, dass man Partien nicht gewinne, sondern verliere; darin drückt sich jedoch nicht Verzweiflung aus. Da man mehr daran interessiert ist, das Spielen zu erlernen, als Partien zu gewinnen, ist es in gewissem Sinne in der Tat besser, zu verlieren. Natürlich wäre der Vorschlag absurd, man solle versuchen, zu verlieren; man hat nur dann etwas davon, dass man verliert, wenn man versucht, zu gewinnen. Man könnte daraus nun folgern, dass das Gute an sich sei, stärker zu werden, aber auch damit ginge man fehl. Stärker zu werden kann man nicht als in uneingeschränktem Sinne gut betrachten. Man mag zum Beispiel andere Pflichten vernachlässigen, um sich auf Go zu konzentrieren. Nach buddhistischer Sichtweise werden Urteile in gut und schlecht immer innerhalb eines Kontexts getroffen, und es gibt keinen ultimativen Kontext, der als abschließende Grundlage für solche Urteile dienen könnte. Ebensowenig gibt es einen unabhängig Handelnden, der solche Urteile treffen könnte. Darüberhinaus ist es oft eine Sache jahrelanger Spielpraxis, bis man auf eine höhere Spielstufe gelangt, und irgendwann hören fast alle Spieler auf, auf diesem Weg voranzuschreiten. Der Charakter des Spiels bestärkt Spieler also darin, Bindung ans Stärkerwerden genauso aufzugeben wie ans Gewinnen, und sich stattdessen darauf zu konzentrieren, das Spiel auf der Stufe zu genießen, auf der sie spielen können.

Auch die Art und Weise, wie das Spielen einer Partie vor sich geht, neigt dazu, Bindung zu schwächen. Das Urteil, dass ein bestimmter Zug gut oder schlecht sei, ist immer in hohem Maße provisorisch. Die Wirkung eines Zuges hängt sowohl davon ab, wie der andere Spieler antwortet, wie auch vom eigenen Verständnis dessen, welche Möglichkeiten die Lage bietet, die sich auf dem Brett entwickelt. Es gibt im Go viele Sprichwörter, die bestimmte Spielweisen empfehlen, aber wie bei den meisten Sprichwörtern lassen sich in fast jeder Situation einander widersprechende zur Anwendung bringen. Da die Leere des Go einen daran hindert, einen Sieg erzwingen zu können, lernen die Spieler, sich beim Urteilen über gut und schlecht sehr zurückzuhalten. In Empfehlungen an schwächere Spieler hört man, ein bestimmter Zug sei „heutzutage üblich“ anstelle von „gut“, oder eine Spielweise sei „schwierig“ anstelle von „schlecht“. Solcher Rat ist meist auch explizit hypothetisch: „Wenn du diese Steine fangen willst, solltest du hier spielen.“ Der Spieler versucht, die verschiedenen Aspekte des Spiels gegeneinander abzuwägen, sich etwa darum zu bemühen, Steine zu sichern, die er für die eigene Stellung für wichtig hält, es sich jedoch auch offenzuhalten, welche Steine er als wichtig erachtet, oder genug leere Schnittpunkte zu umschließen, um gewinnen zu können, aber nicht so viele, dass die Wände so dünn werden, dass man sie durchbrechen kann. Dieser Charakter des Spiels führt die Spieler ganz natürlich dahin, sich besonders dafür zu interessieren, die Möglichkeiten in den sich auf dem Brett entwickelnden Formen aufzudecken, und dieses Interesse mag dort am größten sein, wo sie etwas entdecken, das die eigenen Gewinnchancen zunichtemacht. Das ist natürlich nichts, worunter Go-Spieler leiden. Es ist nicht ungewöhnlich, dass Spieler ganz begeistert sind von einer Partie, die sie gerade verloren haben. Oft freuen sich beide Spieler gleichermaßen, wenn sie den Eindruck haben, eine besonders elegante Partie zustandegebracht zu haben. Verläuft die Partie knapp, wissen die meisten Spieler nicht, wer gewonnen hat, bis sie die Partie sorgfältig und unter Klärung der Brettsituation auszählen können.

Hier zeichnet sich nun ab, weshalb das Fehlen ultimativer Standards von gut und schlecht nicht zu Nihilismus und Verzweiflung führen muss. Es gibt einen Rahmen, der die Struktur bereitstellt dafür, dass Dinge mehr oder weniger interessant sein können, aber dieser Rahmen beruht eindeutig auf dem Einvernehmen der Beteiligten, dieses Spiel zu spielen, anstatt etwas anderes zu tun. Der wichtige Punkt ist der, dass dieser Rahmen in bemerkenswertem Ausmaß die Ablehnung jedweder ultimativer Standards von gut und schlecht einschließt, und dass diese Ablehnung eine Art Bestätigung des Nihilismus darstellt. Das heißt, er liegt in der Erkenntnis, dass das Fehlen solcher Standards zu einer Situation führt, die attraktiv ist, und nicht eine der Verzweiflung oder Langeweile. Genau das ist es, was der Buddhismus sagen möchte.

Es mag zwar einen großen Unterschied geben zwischen unserer Entscheidung, wie wir der Welt des Go begegnen, und der Art und Weise, wie wir der Welt des Alltagslebens begegnen, aber die beiden Welten haben überraschend viel gemeinsam. In beiden Fällen entsprechen aus buddhistischer Sicht die Werte, um die es dabei geht, eher denen, die man gewöhnlich als ästhetische Werte bezeichnen würde, als ethischen Werten. Es gibt keine Grundlage für ultimative Urteile über gut und schlecht, dennoch teilen die allermeisten Beteiligten ihre Ansichten darüber, was angemessen ist, auch wenn ihnen bewusst ist, dass sich diese Ansichten ändern können. Beim Go gibt es eine Anfangsübereinkunft darüber, was als Spielen des Spiels gilt, wozu einige Grundregeln und Definitionen gehören, sodass mögliche Extreme, die man nicht vernünftigerweise für angemessen halten kann, als solche identifiziert werden können. Bezogen aufs Leben sprechen Buddhisten hier davon, dass Mitgefühl der natürliche Begleiter der Weisheit sei. Diese Behauptung ist nicht so leicht zu verstehen wie es zunächst den Anschein hat, denn die Weisheit, von der hier die Rede ist, ist nichts anderes als das Verständnis, dass alles (einschließlich dieser Behauptung) leer sei. Es gibt nichts Absolutes. Sogar diese Behauptung selbst wird als bedingt und verschiedentlich interpretierbar verstanden, ohne dass sich eine abschließende Aussage über ihre Bedeutung treffen ließe. Hier scheint der Buddhismus dafür offen zu sein, dass es möglicherweise keine Grundlage dafür gibt, offensichtlich abscheuliches Verhalten – etwa das Quälen von Babys aus Langeweile – zu verurteilen. Wie können Buddhisten ihren Verweis auf Mitgefühl als einziger Reaktion auf die Situation des Menschen rechtfertigen?

Auch hier kann das Go-Spiel als nützliches Modell zum Verständnis beitragen. Wenn sich zwei Menschen an einem Go-Brett gegenübertreten, könnten sie alles mögliche tun – einander mit Go-Steinen bewerfen, ihre Initialen ins Brett ritzen und so weiter. Wozu Go spielen? Allgemeiner gefragt, wozu sollte man überhaupt etwas tun? In dieser Frage geht es offenbar um Ziele, und man nimmt deshalb gewöhnlich an, dass man zu ihrer Beantwortung eine Art Standard von gut und schlecht benötige. Es gibt jedoch noch eine andere Sichtweise. Bei dieser fassen wir ins Auge, von welcher Art die beiden Dasein sind, die sich hier begegnen. Nimmt man die Realität der Leere und wechselseitigen Abhängigkeit an, wird natürlich jedes Verhalten, das mit dieser Voraussetzung inkonsistent ist, unangemessen, weil es auf einer Täuschung gründet, auf einer falschen Vorstellung der Realität. Angemessenes Verhalten hätte also in irgendeiner Weise kooperativ zu sein. Das könnte natürlich auch bedeuten, einander mit Steinen zu bewerfen, aber was käme dabei heraus? Höchstwahrscheinlich ein Vorgang, der hässlich, unzivilisiert und kurz wäre, und somit nicht sehr ansprechend. Das Einritzen von Initialen würde es versäumen, die große Bandbreite an Möglichkeiten, die das Brett bietet, zu nutzen. Das bedeutet nicht, dass mit den Steinen zu werfen oder Initialen zu ritzen falsch oder schlecht wäre, sondern lediglich, dass es unwahrscheinlich erscheint, dass Leute, die sich über die Möglichkeiten im Klaren sind, sich dazu entschließen würden. Das wäre so, als wenn ein Künstler Farbe einfach in den Ausguss gießen würde – kein Verbrechen, aber dennoch Verschwendung.

Es ist also zwar so, dass aufgrund der Natur der Realität es nie um irgendetwas wirklich Wichtiges (in ultimativem Sinne) geht, es aber doch der Fall ist, dass manche Dinge angemessener erscheinen als andere, und ein guter Leitsatz dafür, die angemesseneren Dinge zu finden, wäre zu sagen, es sind diejenigen kooperativen Handlungen, die die Chancen zur Kooperation erhöhen, also die mitfühlenden Handlungen. Also spielt man Go aus dem gleichen Grund, aus dem manche Menschen einen Berg besteigen. Weil es da ist und es schade darum wäre, wenn man es nicht spielen würde. Das gleiche gilt fürs

Leben allgemein. Das Spiel der Nicht-Bindung ist ein nützliches Modell für ein Leben der Nicht-Bindung.

Fazit

Wie sollen wir also Dogens Hinweis auffassen, dass wir verstehen können, wie man dorthin gelangt, wo es weder Kälte noch Hitze gibt, wenn wir ans Go-Spielen denken? Dogen spricht von der Authentifizierung oder Erfahrung der Erleuchtung als einer „Befreiung von Körper und Geist“, was bedeutet, dass man sich von der Wahrnehmung löst, ein von der Welt und von anderen getrenntes und letztendlich verschiedenes Wesen zu sein. Er und Hongzhi behaupten, dass Go zu spielen diese Erfahrung der Nicht-Getrenntheit mit sich bringe. Aus der vorangegangenen Beschreibung sollte klar geworden sein, wie das vor sich gehen kann.

Wenn Dogen sagt, „Die Gegner sind eins“, dann meint er damit nicht die Art von Gemeinsamkeit, die man allgemein bei gemeinschaftlichen Erfahrungen vorfindet. Das heißt, er spricht nicht von der Art der Teilhabe, die regelmäßig bei Tätigkeiten vorkommt, die die Beteiligung eines anderen erfordert, von Krieg bis Sex. Wenn wir auf gewöhnliche Weise etwas gemeinsam tun, dann überwinden wir in einem gewissen Sinne unsere Verschiedenheit, indem wir ein gemeinsames Produkt oder eine gemeinsame Erfahrung schaffen und knüpfen zwischen uns ein Band, eine einzelnes Ding, das „wir“ sind. Bei den meisten gemeinsamen Erfahrungen bleibt jedoch unsere Getrenntheit dennoch bestehen, oft dadurch, dass wir abweichende oder unvereinbare Ziele haben, wie etwa den Sieg, der von den Gegnern in einer Schlacht nicht geteilt werden kann, oder meinem Vergnügen, das nicht deines ist. Hongzhi und Dogen behaupten, Go sei anders; hier wird die Getrenntheit der Spieler vollständig überwunden – „Man spielt Go mit sich selbst. Schlamm innerhalb von Schlamm; ein Juwel innerhalb eines Juwels.“

Die Möglichkeit, eine solche Nicht-Getrenntheit beim Go-Spielen zu erreichen, wird durch das Vorgabesystem begünstigt. Wenn Go mit der richtigen Geisteshaltung gespielt wird, gibt es kein Ziel, das jenseits der Tätigkeit des Spielens liegt, und die Spieler hegen keine Hintergedanken. Das einzige Ziel ist es, zu spielen, und beide Spieler geben sich vollständig den Formen und Möglichkeiten der Steine hin. Die Steine spielen selbst; die Spieler begünstigen lediglich diesen Vorgang, und ermöglichen sein Geschehen. (Dogens Folgerung, dass dies in einer Partie mit der hohen Vorgabe von acht Steinen nicht möglich ist, widerspiegelt vermutlich die Tatsache, dass eine Trennung wie die in Lehrer und Schüler in Fällen wie diesen, in denen ein so großer Unterschied in der Spielstärke besteht, unvermeidlich erscheint.) Dogen scheint es für selbstverständlich zu erachten, dass es normal ist, beim Go-Spielen eine umfassende Teilhabe an einem dynamischen Prozess zu erfahren, in dem Unterscheidungen zwischen einem selbst und dem anderen Spieler sowie zwischen einem selbst und dem Prozess des Spielens als Verzerrungen der fundamentalen Einheit des Phänomens erkannt werden. Diese Art der Tätigkeit, in der die Realität der Nicht-Getrenntheit geschaffen wird, wird als grundlegend positiv und befreiend erfahren – ganz wie die Erfahrung der authentifizierenden Erleuchtung.

Für Dogen geht es nicht darum, sich in dieser Art von Tätigkeit zu verlieren, sondern dass man sich von der Täuschung löst, dass das eigene Selbst tatsächlich ein einzelnes, individuelles Wesen in der Welt ist. Beim Go-Spielen findet man demnach sein „wahres" Selbst, indem man „sich von Körper und Geist befreit". Man löst sich vom falschen „Ich" und verwirklicht das wahre „Ich", das sich vom anderen Spieler oder vom Spiel nicht trennen lässt. Diese Verwirklichung der Überwindung von Unterscheidungen ist laut Dogen das, worauf Dongshan hinauswollte.

Dogen würde sagen, dass viele Spieler oft deshalb das Go-Spiel nicht so erleben, weil sie Bindungen an Dinge pflegen, die von ihnen erfordern, von anderen Spielern und vom Prozess getrennt zu bleiben – Dinge wie zu gewinnen oder ihren Rang zu verbessern. Damit „mein" Gewinnen oder „mein" Rang wichtig wird, muss ich ein einzelnes und unabhängiges Individuum sein. Es ist jedoch möglich, sich von dieser Täuschung zu lösen und zumindest für einen Augenblick die Befreiung von Körper und Geist zu erfahren, die die Verwirklichung der Erleuchtung bedeutet. Wenn wir also neugierig sind, was das Nirvana ist, so lernen wir Go spielen. Und dann beherzigen wir Dogens Rat und spielen einfach, ohne zu versuchen, irgendetwas anderes zu tun. Lassen wir uns vom Spiel „gefangen nehmen".

Glossar

Aji	Wörtlich: „Geschmack". Möglichkeiten, die in einer Stellung vorhanden sind. Bei der Ausnutzung dieser Möglichkeiten kommt es meist auf den richtigen Zeitpunkt an.
Atari	Ein Stein oder eine Gruppe von Steinen mit nur noch einer Freiheit. Mit dem nächsten Zug ist es möglich, zu schlagen.
Atari-Go	Variante des Go, in der es nur darum geht, einen oder mehrere Steine des Gegners zu schlagen.
Boshi	Ein Zug, der im Ein-Punkt-Abstand über einen gegnerischen Stein gespielt wird.
Byoyomi	Zusätzliche Bedenkzeit, die einem Spieler nach Ablauf seiner regulären Bedenkzeit gewährt wird.
Damezumari	Mangel an Freiheiten.
Dan	Meistergrad.
Fuseki	Eröffnung.
Geta	Netz. Technik um Steine zu fangen.
Hane	Kralle. Diagonalzug eines eigenen Steins, der um einen gegnerischen Stein umbiegt.
Hoshi	Stern. Hervorgehobene Punkte auf dem Go-Brett, auf die die Vorgabesteine gesetzt werden.
Joseki	Ein formelhaftes Abspiel. Josekis treten meist in den Ecken auf; es gibt sie aber auch für Situationen am Rand oder in der Mitte. Das Resultat ist normalerweise lokal ausgeglichen.
Kikashi	Spezieller Vorhandzug, der im Verhältnis zur gegnerischen Antwort einen lokalen Vorteil bringt.
Ko	Stellung, in der wiederholendes Schlagen eines einzelnen Steines möglich ist. Die Ko-Regel verbietet daher, in einem Ko sofort zurückzuschlagen.
Komi	Eine Anzahl von Punkten, die der schwarze Spieler dem Weißen gibt, als Ausgleich dafür, dass Schwarz anfängt.
Kyu	Schülergrad.
Miai	Zwei gleichwertige Zugmöglichkeiten.
Moyo	Potenzielle Gebietsanlage, die noch invadiert werden kann.
Peep	Nozoki. Einen Schnitt androhen.
Sanren-Sei	Drei gleichfarbige Steine auf den Vorgabepunkten an einem Brettrand.
Schulterzug	Ein Zug diagonal über einen gegnerischen Stein.
Vorgabe-Partie	Eine Partie, bei der dem schwächeren Spieler eine bestimmte Anzahl Steine als Vorgabe gegeben wird, d.h. er darf als ersten Zug diese Steine auf die Vorgabepunkte legen. Die Vorgabe wird bestimmt durch die Differenz der Spielgrade.

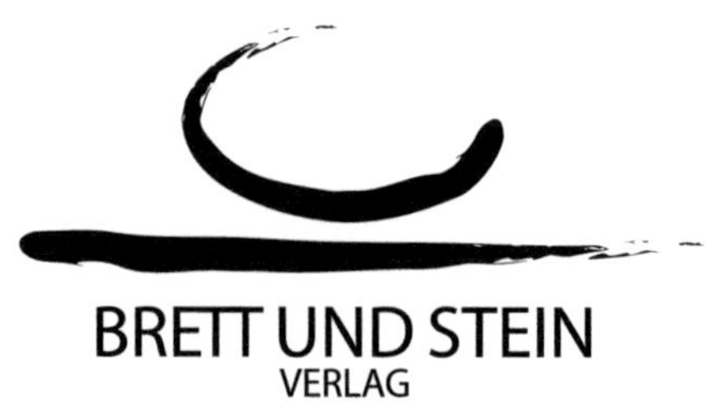

Weitere Bücher im Brett und Stein Verlag

Go für Einsteiger

Gunnar Dickfeld, ISBN 978-3-940563-30-9

Lehrstunden in den Grundlagen des Go

Kageyama Toshiro, ISBN 978-3-940563-05-7

Die Kunst des Angriffs. Strategie und Taktik im Go

Kato Masao, ISBN 978-3-940563-06-4

Lexikon der Joseki I - III

Takao Shinji, ISBN 978-3-940563-15-6

100 Tipps für Amateure 1-3

Yoon Youngsun, ISBN 978-3-940563-08-8

SANREN-SEI. Die Power-Eröffnung

Takagawa Shukaku, ISBN 978-3-940563-13-2

Die Schatztruhe. Nakayamas Go-Geschichten und Rätsel

Nakayama Noriyuki, ISBN 978-3-940563-02-6

Go-Probleme für Genießer

Erwin Gerstorfer, ISBN 978-3-940563-19-4